现代地球概论实验手册

张志刚　黄昌春　主　编
沈　方　陈　霞　副主编

南京师范大学出版社

图书在版编目（CIP）数据

现代地球概论实验手册 / 张志刚，黄昌春主编 ；沈方，陈霞副主编. -- 南京 ：南京师范大学出版社，2025. 7. -- ISBN 978-7-5651-6789-8

Ⅰ. G633.552

中国国家版本馆CIP数据核字第2024Y9V851号

书　　名	现代地球概论实验手册
策　　划	翟姗姗
主　　编	张志刚　黄昌春
责任编辑	陈　晨
出版发行	南京师范大学出版社
地　　址	江苏省南京市鼓楼区北京西路 72 号（邮编：210024）
电　　话	（025）83598919（总编办）　83598319（营销部）　83598332（读者服务部）
网　　址	http://press.njnu.edu.cn
电子信箱	nspzbb@njnu.edu.cn
照　　排	南京凯建文化发展有限公司
印　　刷	南京玉河印刷厂
开　　本	787 毫米 ×960 毫米　1/16
印　　张	10.75
字　　数	143 千
版　　次	2025 年 7 月第 1 版
印　　次	2025 年 7 月第 1 次印刷
书　　号	ISBN 978-7-5651-6789-8
定　　价	70.00 元

出 版 人　张　鹏

《现代地球概论实验手册》
编委会

主　编：张志刚　黄昌春

副主编：沈　方　陈　霞

编　委（以姓氏笔画为序）：

丁志军　王　朴　朱　彬　李红波　李彦彦

吴诗语　何泓漪　沈　方　张志刚　陈　霞

陈仕涛　陈禹光　范擎宇　郑　晓　黄昌春

常直杨　廖　颖

序　言

“地球概论”是高等师范类院校地理科学（师范）专业的必修课程，是学习“气象与气候学”“水文学”“地貌学”等课程的先导课程，同时在促进地理科学高等教育与中学教育的衔接中具有不可替代的重要作用。它从整体角度对行星地球进行阐释，涵盖了天文学、地理学、物理学的基础知识，为地理科学（师范）、自然地理与资源环境、地理信息科学甚至科学教育等专业的学生构建“天文－地理”知识系统，认识地球所处宇宙环境，探索地球运动的特征和后果，研究日、月、地与人类社会发展的关系打下坚实的专业基础。

“地球概论”课程涉及天文学、地理学和地球物理学的相关知识，对学生的空间想象能力和逻辑思维能力提出了较高要求，被公认为是一门难教、难学的课程。该课程的教学内容主要包括“认识宇宙”“坐标系统”“星系系统”“地球运动”“时间系统”“天象系统”6 个模块。该课程的开设可加强学生对地理科学类基本内容的理解，帮助学生掌握相关课程之间的联系，更有助于地理科学师范专业学生系统掌握中学地理教学内容。

“地球概论”课程是衔接地理科学高等教育与中学教育的桥梁课程，根据《普通高中地理课程标准（2017 年版 2020 年修订）》的要求，高中地理选修课新增“天文学基础”模块，包含天体观测、太阳系和地月系统、太阳与恒星、银河系与宇宙等内容。这些内容在高等教育地理专业课程中主要对应“地球概论”课程。因此，高校地理科学师范专业应高度重视“地球概论”的课程设置与教学安排，努力提高高校地理师范生的天文学素养和实践能力，助力地理科学师范专业学生快速成长为适应时代需求的优秀地理教育工作者。

在当今科学技术飞速发展的背景下，实践教学作为高等教育的重要组成部分，日益受到重视。教育部在《普通高等学校本科专业类教学质量国家标准（2016 年）》中明确指出，实践教学不仅是培养学生动手能力和创新精神的关键环节，也是理论与实践相结合的重要途径。该政策强调了实践育人的重要性，为本实验手册的编写提供了明确的方向。因此，我们编写《现代地球概论实验手册》，旨在为学生提供一个系统化的实践教学框架，帮助他们深入理解地理科学的基本理论与应用。

《现代地球概论实验手册》是“地球概论”课程内容实践部分的教材，根据地理师范生的需求设计，共编写了“认识宇宙”“坐标系统”“星系系统”“地球运动”“时间系统”“天象系统”6 个模块 23 个课外实验，以期真正落实“以学生为中心”的教学理念和“现象—机制—规律—应用”的认知过程。通过实验，学生可以亲身体验天球仪、望远镜、经纬仪等仪器的使用，熟悉天球仪的结构并利用天球仪求解问题，学会使用望远镜进行天文观测，如观测太阳黑子、月面特征等。这些实验不仅能够提高学生的动手能力和实际观测能力，还能帮助学生验证、理解、运用、巩固课堂教学中所学的基本知识和基本理论，为他们将来在中学进行地理课程教学和指导天文活动打下坚实的基础。

此外，本实验手册精选了多个可在中学实施的地理实验教学案例，难度适中，易学易用，是高师教育和基础教育衔接的一次尝试，亦是实践教学融入高师教育的一次探索。

《现代地球概论实验手册》通过具体的实验项目和操作指导，将实践教学的要求转化为实际的教学内容，不仅为高等师范院校参与“地球概论”

课程的教师和学生提供了丰富的教学资源和实践指导，也能让天文学、地球科学爱好者及科普工作者从中有所收获。本手册涵盖地球概论的各个方面，包括天文现象观察和地球物理特征分析，并对此提供详细指导。此外，其他领域的读者也可灵活运用本手册。中学地理教师可将其作为教学和天文科普活动的参考资料，科普机构和天文社团等也可将其用作组织活动和培训的教材。

编者水平有限，此次编写手册又是初次尝试，且缺乏同类书籍作为参考，因此本手册的内容尚有不足之处。在此，恳切希望各位老师和同学在使用该手册后，能为我们提出宝贵意见。您的每一个建议对我们而言都是极大的动力。若您有意见或建议，欢迎发送邮件至 09395@njnu.edu.cn，我们期待您的来信。

编 者

2025 年 2 月 23 日于南京

目 录

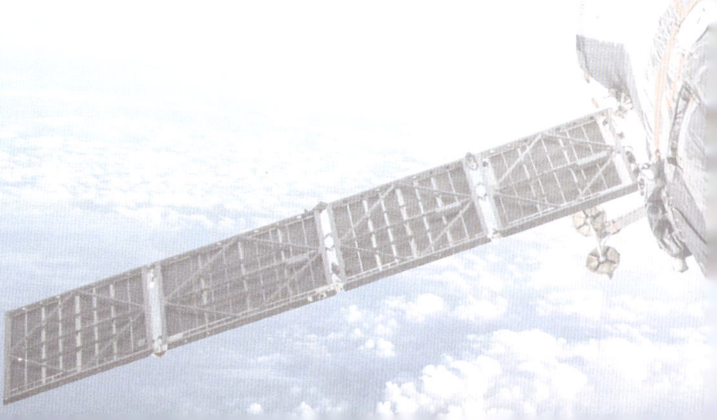

第一章
认识宇宙

实验 1：认识北极星与四季星空

实验 2：地理纬度的简易测定

第一章 认识宇宙

实验 1 认识北极星与四季星空

一、实验目的

掌握辨认北极星和用北极星确定方向的方法；认识天空中主要的星座和恒星及其相对位置，了解星座分布格局；掌握星座出现的时间、方向和变化规律。

二、实验准备

活动星图、指星笔、天文望远镜、Stellarium（虚拟天文馆软件）、Star Walk 2（手机应用，辅助观测星空）等。

三、实验原理

北极星位于地球自转轴的延长线附近，因此它相对于地球上的观测者来说几乎静止不动（短时间尺度）。太阳周年运动（由于地球公转而造成的一种视运动）的图解是十分明显的，但由于太阳光掩蔽了星空背景，这种天象是无法直接观察到的。因此，古代天文学家从观测夜半中星的变化，间接地推出了太阳的周年运动。夜半中星不断改变，证明了太阳在恒星间不断移动。随着地球轨道位置的改变，春分（3 月 21 日）、夏至（6 月 22 日）、秋分（9 月 23 日）和冬至（12 月 22 日）的夜半中星分别为狮子座、天蝎座、飞马座和猎户座。

四、实验过程

（1）辨认北极星：在晴朗的夜晚，选择不受或少受地面灯光干扰的较高地方为观测场地，分组观测。在北方天空找出北斗七星。这七颗亮星在天球上组成一巨大的勺形。以勺头两颗星（天璇、天枢）之连线为长度单位，并以此长度单位向勺口所指方向度量，大约五个长度单位处的亮星，即为北极星。

（a）　　（b）

图 1-1　北斗七星与北极星（图源：Stellarium 软件）

北极星（即小熊座的 α 星）并不真正在北天极的位置，其赤纬是 89°15′50.8″，离北天极很近。而且，在北天极处没有亮星作标志，因此，人们常常以北极星来代表北天极。在夜间，可用北极星确定方向：正望北极星，前面是北，后面是南，左面是西，右面是东。据此，人们可以确定周围地物与观测点之间的方位关系。

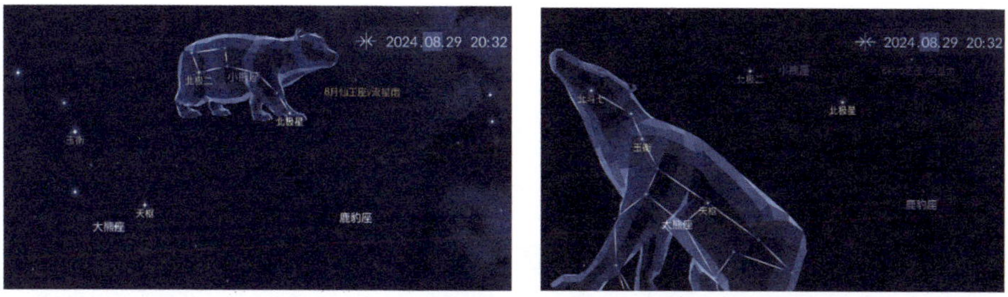

（a）　　　　（b）

图 1-2　位于小熊座的北极星和位于大熊座的北斗七星（图源：Star Walk 2）

（2）了解天文四季（3—5 月是春季，6—8 月是夏季，9—11 月是秋季，12 月—次年 2 月是冬季）：了解星空分布大势和星空变化规律，熟悉四季星空图，掌握利用北斗星（北斗七星斗柄春季东指，夏季南指，秋季西指，冬季北指）、星图、天球仪等进行观星的方法。

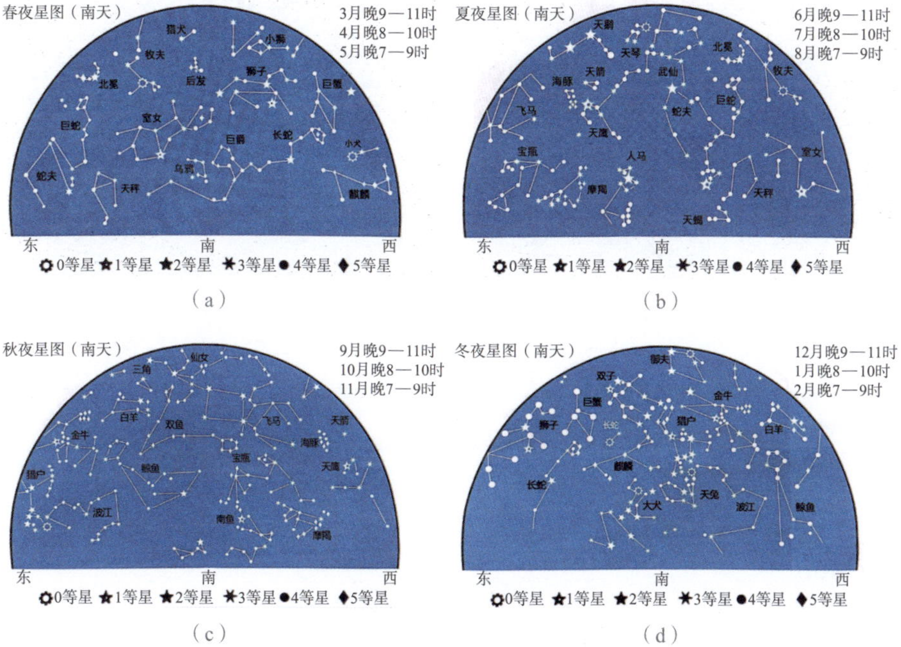

图 1-3　四季星空图（图源：蒲佳意主编的《四季星空》）

（3）查阅星图，了解当日所在地可见的星座或天体；根据星图中的天体和星座坐标，在天空中相应的区域寻找主要的亮星和星座，此过程可利用指星笔和天文望远镜。

图 1-4　利用 Seestar 拍摄的 M31 仙女星系

图 1-5　利用 Seestar 拍摄的木星

（4）填图，并画图表示如何利用北斗找到北极星。

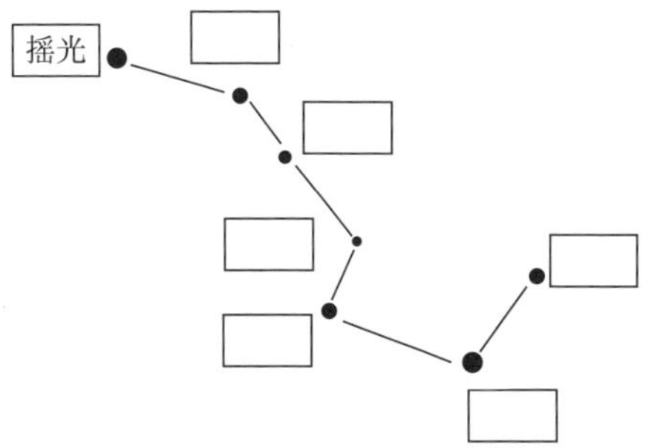

（5）在不同的季节进行星空观测并做好记录。

实验记录

五、实验评价

1. 评价维度

（1）实验表现：目的明确、态度端正，遵守实验室规章制度。

（2）实验任务：掌握相关技能，正确使用仪器，独立、认真、有效地完成各实验环节。

（3）创新意识：能细致思考、仔细观察、多点发现，有创新。

2. 评分标准

为了准确客观地评定学生的实验成绩，设置五个等级标准：优秀、良好、中等、及格、不及格。90 ～ 100 分为优秀，80 ～ 89 分为良好，70 ～ 79 分为中等，60 ～ 69 分为及格，60 分以下为不及格。

开展时间	分值	要求	自评	师评
实验前	10	预习《地球概论》教材中的相关内容，熟悉四季星空图片		
实验中	70	1. 熟悉星空分布大势，了解四季星空景象不同的原理（20 分）； 2. 掌握星空指示的时间、方向和变化规律，能够寻找观测日的主要亮星和星座（20 分）； 3. 实验过程中能够坚持不懈、勤于思考、积极动手、吃苦耐劳，完成各阶段的实验任务（30 分）		
实验后	20	1. 根据实验总结相关知识，撰写实验心得与实验报告（10 分）； 2. 能够形成科学观点和科学态度，树立正确的宇宙观、价值观（10 分）		

实验 2

地理纬度的简易测定

一、实验目的

掌握简易测定地理纬度的方法；巩固有关地理坐标和天球坐标方面的知识。

二、实验准备

天球仪、星图、测角仪器等。

三、实验原理

北极星位于地球自转轴的延长线附近，因此它相对于地球上的观测者来说几乎静止不动（短时间尺度）。在地平坐标系中，北天极的高度等于当地地理纬度。用简易测角仪器测得北极星的仰角即高度。由于北极星与北天极仅 45′ 之差，故可粗略地以北极星高度代表北天极高度。因此，测得了北极星的仰角（$\angle C$），也就粗略地测得了当地的地理纬度（$\angle A$），其误差不超过 1°。

如果要较准确地测定当地纬度，则需于北极星在上中天或下中天位置时，测得其仰角。北极星上中天时的仰角减 45′（或北极星下中天时的仰角加 45′）即为北天极之仰角。经过这样校正的北极星高度，就是当地的地理纬度。

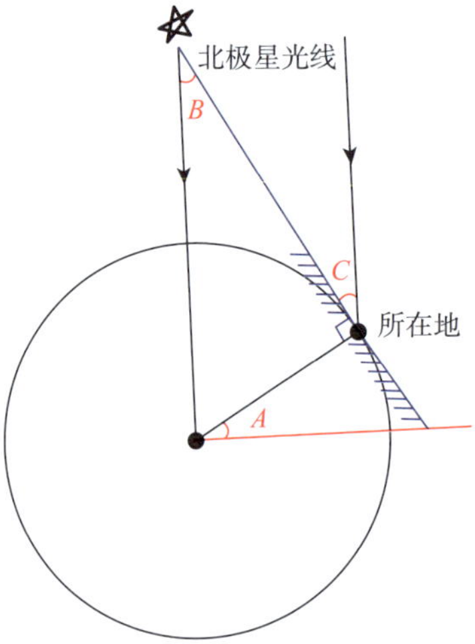

图 2-1　北极星测地理纬度原理示意图

四、实验过程

（1）在晴朗的夜晚，选择不受或少受地面灯光干扰的较高地方为观测场地，分组观测，辨认北极星。

（2）用测角仪器测得北极星的仰角，即为其高度，可粗略地以北极星高度代表北天极高度，即当地地理纬度（误差不超过 1°）。

（3）误差校正：于北极星在上中天或下中天位置时，测其仰角。北极星上中天时的仰角减 45′（或北极星下中天时的仰角加 45′）即为北天极之仰角。经过这样校正的北极星高度，就是当地的地理纬度。

（4）根据上述原理，测量南京的地理纬度，并通过查阅资料，判断测量的误差大小。

南京的地理纬度（测量所得）		误差大小	
实验过程			
误差分析			

五、实验评价

1. 评价维度

（1）实验表现：目的明确、态度端正，遵守实验室规章制度。

（2）实验任务：掌握相关技能，正确使用仪器，独立、认真、有效地完成各实验环节。

（3）创新意识：能细致思考、仔细观察、多点发现，有创新。

2. 评分标准

为了准确客观地评定学生的实验成绩，设置五个等级标准：优秀、良好、中等、及格、不及格。90 ～ 100 分为优秀，80 ～ 89 分为良好，70 ～ 79 分为中等，60 ～ 69 分为及格，60 分以下为不及格。

开展时间	分值	要求	自评	师评
实验前	10	预习《地球概论》教材中的相关内容，熟悉地理坐标的含义		
实验中	70	1. 能够在天空中指认北极星位置（20 分）； 2. 理解实验原理，正确掌握通过当地北极星高度测算地理纬度的实验过程（20 分）； 3. 实验过程中能够勤于思考，积极动手，善于小组合作，完成各阶段的实验任务（30 分）		
实验后	20	1. 根据实验总结相关知识，撰写实验心得与实验报告（10 分）； 2. 能够形成科学观点和科学态度，树立正确的宇宙观、价值观（10 分）		

第一章学习资源

[1] 福建师范大学慕课“地球概论”：https://www.icourse163.org/spoc/course/FJNU-1205805832? tid=1206099307

[2] 英国大学公开课“60 秒天文学历险记”：https://v.163.com/special/opencourse/astronomy.html

[3] 中国科学技术大学公开课“认识宇宙”：https://open.163.com/newview/movie/free? pid=M7GFK24P5&mid=M7GHKJI27

[4] 亚利桑那大学公开课“宇宙起源”：https://open.163.com/newview/movie/free? pid=M83H6CMSE&mid=M84G2JMCD

[5] 南京大学公开课“普通天文学绪论”：https://open.163.com/newview/movie/free? pid=MEJOHV9VM&mid=MEJOI8OHE

[6] 殷汝军，王丽群.“辨别地理方向”单元活动教学设计（鲁教版）[J].地理教育，2014（12）：17-19.

[7] 陈计兵.北极星妙用[J].中学地理教学参考，2012（1）：63-64.

[8] 贾荷陵.四季星空观测[J].中学地理教学参考，2004（7）：24-26.

[9] 咸立德.恒星多重身份的特性分析[C]// 中国智慧城市经济专家委员会.2020 智慧城市建设论坛论文集.曲阜：曲阜市书画社，2020：4.

[10] 王煜，康轶琼.抽象宇宙：汉代式盘类图像的图式观察[C]//中国人民大学历史学院.春山可望，2019：27.

[11] 郭翌彤，谢学雯，潘文彬.基于地理实践力培养的高中天文研学旅行课程设计[J].中学地理教学参考，2022（6）：83-86.

[12] 王建.现代自然地理实习教程[M].北京：高等教育出版社，2006.

[13] 余明.地球概论[M].北京：科学出版社，2010.

第二章
坐标系统

第二章 坐标系统

实验 3 活动星图的制作与使用

一、实验目的

了解活动星图的基本构造；学会活动星图的制作与使用；掌握星空观测的步骤；利用活动星图熟悉星空，寻找各季节的星座，定位特定的星体，了解星空变化规律；巩固坐标系统相关知识。

二、实验准备

纸张、活动星图模板、剪刀、硬纸板、铆钉等。

三、实验原理

活动星图的设计融合了太阳周年视运动和天球周日视运动的原理。它把第二赤道坐标系和地平坐标系结合在一起，并使得第二赤道坐标系能够围绕北天极（即地球自转轴的北端点）相对于地平坐标系进行旋转模拟，从而能够动态展示星空的变化。它一般由星盘和地盘两部分组成，星盘和地盘分别将天球的第二赤道坐标系与地平坐标系投影到天球赤道面上。因此，活动星图的重要作用之一在于揭示这两种坐标系（第二赤道坐标系和地平坐标系）之间的相互关系，并能够像天球仪一样展示星空的周日旋转。

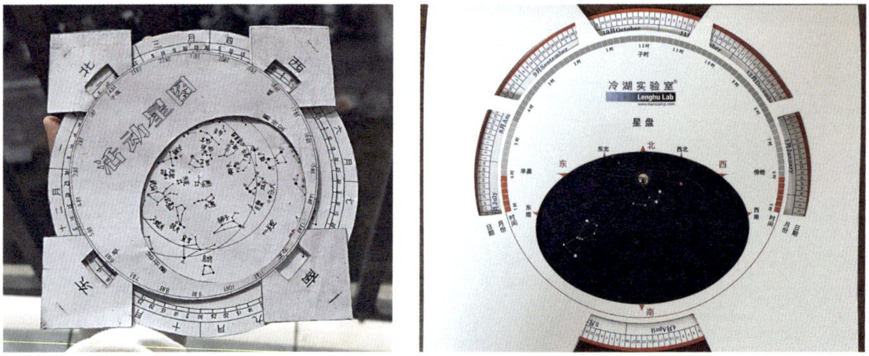

（a）　　　　　　　　　　（b）

图 3-1　自制的活动星图与市面上的活动星图

天体的赤纬是天体相对于天赤道的南北方向和角距离，赤纬自天赤道起，沿天体所在的赤经圈向南北两个方向度量，自 0° 至 ±90°，天赤道以北为正，以南为负。星盘上印有天球的几条主要坐标圈线，如赤道、0 时和 12 时赤经线黄道（太阳在天球上的视运动轨迹）等。星盘上星点的大小表示星的明暗等级。地盘的周边印有时刻的标度，也有将日期标度印在地盘周边、时刻标度印在星盘周边的活动星图，圆形窗孔周边代表地平圈，即观测者可见的星空范围。

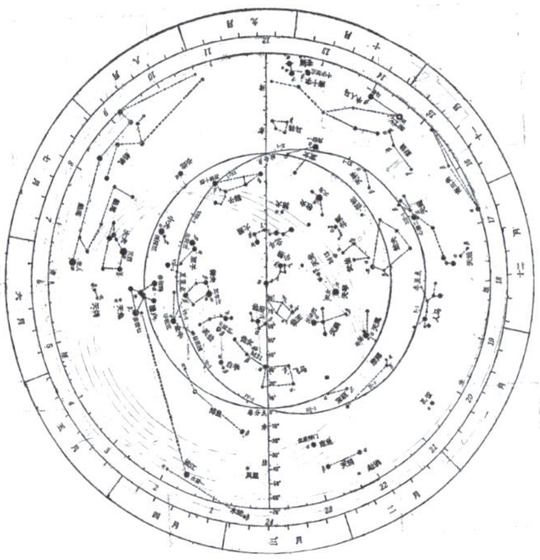

图 3-2　活动星图星盘（图源：王思潮主编的《天文爱好者新观测手册》）

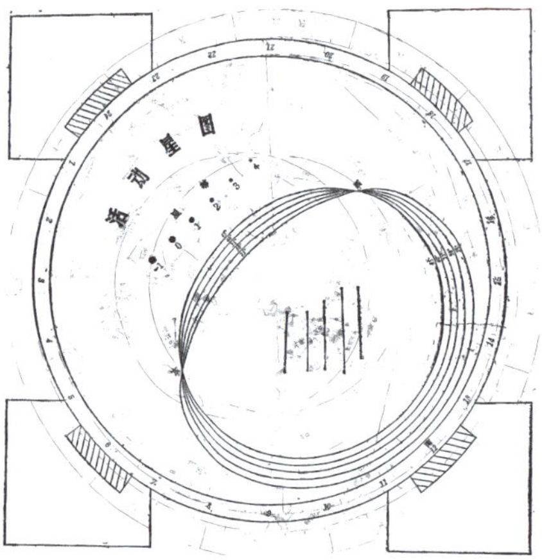

图 3-3　活动星图地盘（图源：王思潮主编的《天文爱好者新观测手册》）

四、实验过程

（1）制作与装配：把两张图纸（星盘、地盘）用胶水分别粘贴在两块硬纸板上，晾干。在地盘上找出当地纬度对应的地平圈，剪去地平圈以内的部分。接着将地盘上四处印有斜阴影线的区域掏空，这是将来显示日期的窗口。再将一块适当大小的硬纸板置于星盘的下方作为底板。在星盘的圆心处，用铁丝和塑料瓶盖把它和底板铆在一起，使星盘能在底板上绕铆钉相对底板转动。

（2）对齐日期和时间：旋转星盘，使星盘周边的日期与地盘窗孔周边的时间刻度对齐（如准备在 9 月 15 日 20 时观测，就将 9 月 15 日对准 20 时），则椭圆窗孔内露出的星图就显示出观测时刻天空中的星空形象。

（3）调整观测姿势：观测时应把星图举过头顶，仰着头注视星图。在这个椭圆的周边标有四个方向：下方是南，上方为北，左为东，右为西。如果正站在星空下使用活动星图，那么面向南方，将活动星图举过头顶，将星图上的南方对准实际的南方，这时星图上的星相、方向与实际一致，星图上椭圆的边缘就是当时实际的地平圈。（注：建议在月初或月末观测，月中会有满月干扰观星。）

（4）观测其他方向的天空：如果要查看其他方向的天空，需面向观测的方向，把星图举过头顶，仰着头注视星图，并使地盘上的东西南北与此时实际的东西南北相合。

（5）利用活动星图，完成以下练习：① 选择任意时间，旋转活动星图，确保星盘上标示的日期与地盘周围标注的时间刻度对齐，观察这一时刻星盘窗口露出的星图，并做好记录。② 地理科学专业的学生尤其是地理师范专业的学生可以利用实习或志愿服务机会，在学校、社区等地开展“活动星图的制作与使用”活动。

五、实验评价

1. 评价维度

（1）实验表现：目的明确、态度端正，遵守实验室规章制度。

（2）实验任务：掌握相关技能，正确使用仪器，独立、认真、有效地完成各实验环节。

（3）创新意识：能细致思考、仔细观察、多点发现，有创新。

2. 评分标准

为了准确客观地评定学生的实验成绩，设置五个等级标准：优秀、良好、中等、及格、不及格。90～100分为优秀，80～89分为良好，70～79分为中等，60～69分为及格，60分以下为不及格。

开展时间	分值	要求	自评	师评
实验前	10	预习《地球概论》教材中的相关内容，熟悉地球的宇宙环境		
实验中	70	1. 能够制作、安装活动星盘（20分）； 2. 利用活动星盘，指示可见星空的范围（20分）； 3. 实验过程中能够坚持不懈、勤于思考、积极动手、吃苦耐劳，完成各阶段的实验任务（30分）		
实验后	20	1. 根据实验总结相关知识，撰写实验心得与实验报告（10分）； 2. 能够形成科学观点和科学态度，树立正确的宇宙观、价值观（10分）		

实验 4

本地子午线的简易测定

一、实验目的

通过实际观测，正确掌握子午线的概念和测定子午线的方法。

二、实验材料

竖直杆、测绳、量角器等。

三、实验原理

白昼以地方时 12 点均分。在太阳光照射下，竖直杆的影子会呈现出一定的几何形状，在太阳高度角变化不大的情况下，日影的长度与杆的高度之比是一个恒定值。通过观察日影的长度和方向，可以推断出太阳的位置，利用等腰三角形的性质，作出等腰三角形顶角的角平分线，得到正南、正北方向，即得到了本地子午线（子午圈和地平圈相交的线段）的方向。

四、实验过程

选择一个晴朗的天气，在一个平坦开阔、没有遮挡物的地点进行实验：

（1）将竖直杆插入地面，确保它竖直稳固。

（2）以杆基为圆心，以适当长为半径，利用测绳在杆的北面画出一个半圆。

（3）注意观察杆影的变化，记下杆影顶端与半圆的两个交点，这两个点与杆基构成一个等腰三角形，作等腰三角形顶角的角平分线（$\angle a = \angle b$），即本地子午线。

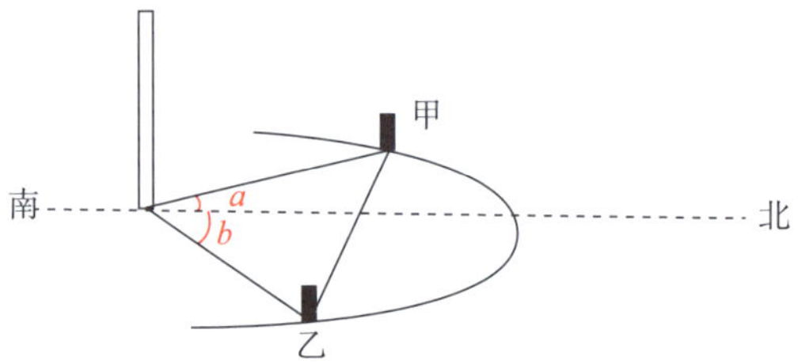

图 4-1　日影杆法测定本地子午线原理示意图

五、实验评价

1. 评价维度

（1）实验表现：目的明确、态度端正，遵守实验室规章制度。

（2）实验任务：掌握相关技能，正确使用仪器，独立、认真、有效地完成各实验环节。

（3）创新意识：能细致思考、仔细观察、多点发现，有创新。

2. 评分标准

为了准确客观地评定学生的实验成绩，设置五个等级标准：优秀、良好、中等、及格、不及格。90 ～ 100 分为优秀，80 ～ 89 分为良好，70 ～ 79 分为中等，60 ～ 69 分为及格，60 分以下为不及格。

开展时间	分值	要求	自评	师评
实验前	10	预习《地球概论》教材中的相关内容，熟悉地理坐标的含义		
实验中	70	1. 能够正确描述太阳视运动过程（20 分）； 2. 理解实验原理，正确掌握子午线的概念和测定子午线的方法（20 分）； 3. 实验过程中能够勤于思考，积极动手，善于小组合作，完成各阶段的实验任务（30 分）		
实验后	20	1. 根据实验总结相关知识，撰写实验心得与实验报告（10 分）； 2. 能够形成科学观点和科学态度，树立正确的宇宙观、价值观（10 分）		

实验 5

日出日落方位季节性变化观测

一、实验目的

深化对地球运动规律的理解。

二、实验准备

罗盘、赤道式日晷、GPS 定位设备、量角器、水平仪、相机或手机等。

三、实验原理

太阳在不同季节不同地点的运行路径和高度变化显著。

以夏至日立体太阳光照示意图为例，图中 O 为地心，$ENFSE$ 经线圈经过赤道与晨昏线的两个交点，与 $KNMSK$ 经线圈垂直，并与 M 地纬线圈相交于 E、F 两点。CBD 线为晨昏线平面与 M 地纬线圈平面的交线。M 地纬度为 Φ，A 为地轴与 M 地纬线圈平面的交点，是 M 地纬线圈平面的中心。δ 是太阳直射点所在纬度，R 为地球半径。从图中可以看出，M 地当天于 C 点日出，于 D 点日落，$\angle CAE = \angle DAF = \theta$。$\theta$ 实际上就是 M 地的日落日出方位角。经过几何计算，可以得出 $\theta = \arcsin(\tan\Phi\tan\delta)$。

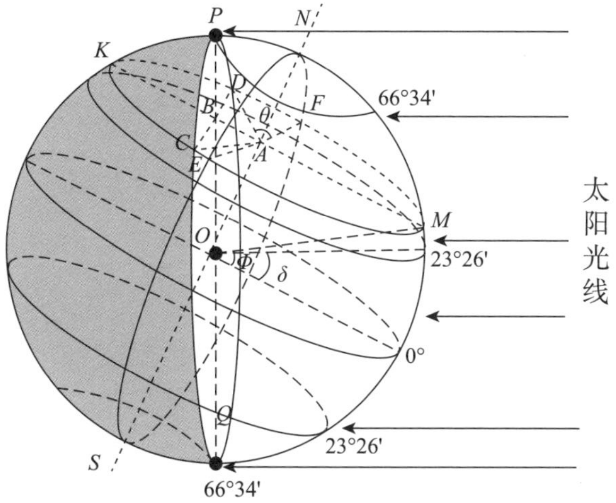

图 5-1 夏至日立体太阳光照示意图

太阳直射点是地球表面太阳光入射角度为 90° 的地点，是地心与日心连线和地球球面的交点。太阳直射点每时都在向西移动，每小时移过 15° 经度。在地理题的计算中可粗略取每分移动 0.25°。

综上，将计算出的方位角换算为时间 t，就可以得到当地当天日出和日落的时间（地方时）。日出时间 = 6:00 − t（此为夏半年，冬半年为 6:00 + t），日落时间 = 18:00 + t（此为夏半年，冬半年为 18:00 − t）。

四、实验过程

（1）选择观测点并安装仪器：选取当地几个位于不同区域且具有代表性的地点作为观测点。在观测点安装仪器，确保其水平安装并进行精度校准。记录观测点的经纬度和海拔高度。

（2）日出观测：在预定日出时间前 30 分钟到达观测点，观察记录太阳出现在地平线上的时刻和方位角，拍摄日出照片。

（3）正午测量：根据经纬度确定当地地方时，借助日晷在地方时 12 时时用罗盘测量太阳的高度角和方位角，记录数据并拍摄太阳的位置照片。

（4）日落测量：在预定日落时间前 30 分钟到达观测点，观察记录太阳消失在地平线上的时刻和方位角，拍摄日落照片。

（5）多次测量确保精度：分组合作，多次测量，校正误差。

（6）不同季节太阳视运动方位变化：在条件允许的情况下，在不同的季节于全国不同地方同时进行观测（假期可尝试）。

（7）将实验过程及相关数据记录在下表中，思考误差原因。

观测点位置：

时间	日出方位	正午方位	日落方位	太阳直射点纬度

实验结论	
误差思考	

五、实验评价

1. 评价维度

（1）实验表现：目的明确、态度端正，遵守实验室规章制度。

（2）实验任务：掌握相关技能，正确使用仪器，独立、认真、有效地完成各实验环节。

（3）创新意识：能细致思考、仔细观察、多点发现，有创新。

2. 评分标准

为了准确客观地评定学生的实验成绩，设置五个等级标准：优秀、良好、中等、及格、不及格。90 ～ 100 分为优秀，80 ～ 89 分为良好，70 ～ 79 分为中等，60 ～ 69 分为及格，60 分以下为不及格。

开展时间	分值	要求	自评	师评
实验前	10	预习《地球概论》教材中的相关内容，熟悉太阳的周年运动		
实验中	70	1. 能够正确描述太阳视运动过程（20分）； 2. 合理规划实验过程，严谨记录实验过程（20分）； 3. 实验过程中能够勤于思考，积极动手，善于小组合作，完成各阶段的实验任务（30分）		
实验后	20	1. 根据实验总结相关知识，撰写实验心得与实验报告（10分）； 2. 能够形成科学观点和科学态度，树立正确的宇宙观、价值观（10分）		

实验 6

天球仪操作与天体运动演示

一、实验目的

熟悉天球仪的构造，掌握使用天球仪演示不同天体运动的技能；巩固有关天球坐标方面的知识。

二、实验准备

天球仪、笔记本等。

三、实验原理

天球仪是一种用于模拟和展示天体运动及星空景象的天文仪器，其构造科学且精密。天球仪的结构如下：

（1）球体。球体是天球仪的主体部分，模拟了整个宇宙的天球，包括地球和其他天体。它通常由金属或塑料制成，表面标有各种星座、星宿、行星等天体的位置，以及赤道、黄道、银道等天文坐标线。球体的旋转模拟了地球的自转运动。球面上绘有国际通用的星座和主要亮星，其中著名的亮星注有中文专名；还标有一些特殊的点，如北天极和南天极、北黄极和南黄极、春分点及秋分点等。

（2）支架。支架是天球仪的支撑部分，用于固定和支撑球体，确保其稳定旋转。它通常由金属或塑料等材料制成，具有一定的强度和稳定性。支架的高度和角度可以调节，以适应不同观察者的需求。一些高级天球仪的支架还可以 360° 旋转，使观察者能够在任何方向观察天空。

（3）刻度盘。刻度盘通常位于球体的外侧或下方，用于指示时间、纬度和经度等参数。其上刻有精确的刻度和数字，方便观察者进行读数和测量。观察者通过旋转刻度盘，可以模拟不同时间和地点的天空景象。

（4）地平圈与子午圈。地平圈是天球仪最外部的一个水平圆环，垂直于竖环，与天赤道相交于东点和西点。地平圈上有 0° ～ 360° 的刻度，表示地平经度（方位角），用于指示天体在地平坐标系中的位置。子午圈是与天赤道垂直的大圆，通过天极和测点天顶。子午圈上刻有自天赤道到两极 0° ～ 90° 的刻度，刻度数值与赤纬圈的度数相对应，用于读取天体的赤纬。

（5）其他附件。例如照明设备，用于照亮球体表面，使观察者更容易看清球体上的各种标记和天体位置。其余辅助工具包括指南针、望远镜等，可用于辅助定位和观察天体。

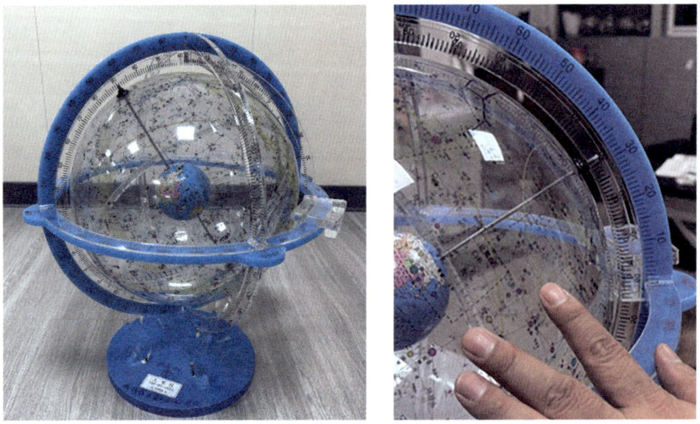

（a）　　　　（b）

图 6-1　天球仪教具

四、实验过程

1. 了解天球仪的用途和用法

（1）天球仪的用途。

星体与星座识别：用于查找和辨认各种星座及恒星。

恒星定位：根据赤经和赤纬找出特定恒星，或反之，确定某恒星的赤经和赤纬。

角距离测量与恒星时角计算：近似计算两星之间的角距离，或根据恒星时（真时、平时、标准时）求某恒星的时角。

太阳位置与昼夜时长计算：确定某日太阳的黄经、赤经和赤纬，以及太阳出没的时刻、方位、高度，并计算昼长与夜长。

恒星高度与方位角计算及时间推算：已知地理纬度，求某恒星在特定时间（恒星时、真时、平时、标准时）的高度和方位角；由恒星的地平坐标推算当地时间；根据特定时间推测天象。

坐标系统转换：进行各种天文坐标之间的换算。

（2）天球仪演示斗柄授时——以南京清明时为例。

北斗七星是北天星空最容易辨认的一组亮星，所谓斗柄授时，就是根据它的斗柄三星在初昏时所指的方向来定季节。战国时期《鹖冠子》一书中明确地记载了古人斗柄授时的法则：“斗柄东指，天下皆春；斗柄南指，天下皆夏；斗柄西指，天下皆秋；斗柄北指，天下皆冬。”据此法则，只要在黄昏时观测斗柄的指向，就可以知道季节的更替。

北天极指向子午圈 32°，以演示南京星空范围。转动天球仪，使天球黄道圈上的“清明”出现在地平圈以上，继续向西拨动天球仪，使“清明”落在西方地平圈，再向下转动 2 小时（时角坐标系），此时观察北斗七星，可发现斗柄东指。

（3）天球仪演示天体的周日运动。

天球周日运动以仰极为绕转中心，而一地的仰极高度，总是等于当地的地理纬度。因此，各地所见的天球范围及周日圈情况，皆因纬度不同而不同。在北半球看，北天极周围的恒星，永不落入北方地平。这部分周日圈全部位于地平以上的恒星，叫作恒显星，有时也叫拱极星。恒显星的范围是以北天极为中心的一个圆形天空区域，叫恒显星区。恒显星区的界线，就是在北点同地平圈相切的那条赤纬圈，叫恒显圈。恒显圈的半径就是它的仰极距或北天极高度，即等于所在地的地理纬度。反之，南天极周围的恒星，永不升出南方地平。这部分周日圈全线在地平以下的恒星，叫作恒隐星。恒隐星区的范围和恒隐圈的大小，与恒显星相同。介于上述两部分星区之间的恒星，会东升和西落，这部分周日圈与地平圈相交的恒星，叫作出没星。

天球周日运动的纬度差异，主要表现在恒显星、恒隐星和出没星的范围大小不同。纬度愈高，恒显星区和恒隐星区愈大，出没星区愈小，周日圈与地平圈的交角愈小；纬度愈低，仰极高度愈小，恒显星区和恒隐星区愈小，出没星区愈大，周日圈与地平圈的交角愈大。在赤道和南、北两极，这种变化达到极端。

根据观测地点转动北天极指向，呈现当地星空。拨动天球仪，永远都出现在地平圈以上的为当地恒显星，永远都在地平圈以下的为当地恒隐星，介于上述两部分星区之间的恒星是当地出没星。

2. 利用天球仪，读出某一恒星的赤经和赤纬

把目标恒星转至上中天位置，从赤道上读出赤经，从子午圈读出赤纬。

目标恒星	赤经	赤纬

3. 利用天球仪，读出太阳在二分二至日的黄经、赤经和赤纬

在黄道上找出太阳二分二至日所在的位置，其黄道度数即为当日黄经数。赤经和赤纬的读数同上。将其记录于下表：

	黄经	赤经	赤纬
春分			
夏至			
秋分			
冬至			

4. 已知南京的恒星时 $S=6^h38^m$，求当地天象

调整天轴，使天极与地平夹角等于南京纬度（32°N），转动球体使子午圈读数等于已知恒星时，即使春分点的时角等于恒星时。此时天球仪上的天象就和真实天空相符合。此后也可根据各星点的方位角及高度辨认、查对恒星和星座。

五、实验评价

1. 评价维度

（1）实验表现：目的明确、态度端正，遵守实验室规章制度。

（2）实验任务：掌握相关技能，正确使用仪器，独立、认真、有效地完成各实验环节。

（3）创新意识：能细致思考、仔细观察、多点发现，有创新。

2. 评分标准

为了准确客观地评定学生的实验成绩，设置五个等级标准：优秀、良好、中等、及格、不及格。90 ～ 100 分为优秀，80 ～ 89 分为良好，70 ～ 79 分为中等，60 ～ 69 分为及格，60 分以下为不及格。

开展时间	分值	要求	自评	师评
实验前	10	预习《地球概论》教材中的相关内容，对天球仪、天球坐标等知识有一定的认知		
实验中	70	1. 能够说出天球仪各构造的名称（20 分）； 2. 能够利用天球仪展示天体运动（20 分）； 3. 实验过程中能够勤于思考，积极动手，善于小组合作，完成各阶段的实验任务（30 分）		
实验后	20	1. 根据实验总结相关知识，撰写实验心得与实验报告（10 分）； 2. 能够形成科学观点和科学态度，树立正确的宇宙观、价值观（10 分）		

第二章学习资源

［1］福建师范大学慕课“地球概论”：https://www.icourse163.org/spoc/course/FJNU-1205805832? tid=1206099307

［2］李小燕，李九彬，金莉．新高考制度下高等师范院校天球坐标系的创新教学设计［J］．首都师范大学学报（自然科学版），2022，43（2）：81–86.

［3］金开任，王梦梦．运用 Stellarium 软件突破地理教学难点——以“地球的宇宙环境”为例［J］．地理教学，2022（10）：42–45.

［4］刘新果．高中地理探究式教学的运用——利用日影杆测量山南二高的经纬度［J］．西藏教育，2011（3）：41–42.

［5］张国新．测量天体地平高度及方位角的天球仪［J］．中国科技教育，2020（1）：28–29.

［6］晏路明．全球不同纬度的太阳周日视运动规律解析［J］．福建师范大学学报（自然科学版），2014，30（5）：117–124.

［7］刘淑珍．几种测定子午线方向的方法［J］．中学地理教学参考，1994（Z2）：58–59.

［8］余祥富．基于思维进阶的高中地理跨学科主题学习方案设计与实践——以“学校所在地地理纬度的测定”为例［J］．云南教育（中学教师），2024（6）：18–21.

［9］杨柯金．天球坐标系的难点解析［J］．南阳师范学院学报（自然科学版），2003，2（9）：97–99，124.

［10］张海，王海燕．地理实验设计——观测实验［J］．地理教学，2018（12）：33–38，7.

［11］王建．现代自然地理实习教程［M］．北京：高等教育出版社，2006.

［12］余明．地球概论［M］．北京：科学出版社，2010.

第三章
星系系统

实验 7：天文望远镜观测天体技术实践

实验 8：月面结构观测与记录

实验 9：太阳黑子观测与记录

实验 10：银河定位与摄影

实验 7 天文望远镜观测天体技术实践

一、实验目的

掌握天文望远镜的使用方法，通过实际操作，熟悉天文望远镜的构造、调试及观测流程。利用天文望远镜观测月亮、亮星等天体，增强对宇宙中天体的直观认识。提升天文观测技能，培养科学探索的兴趣。

二、实验准备

天文望远镜（至少两台，以便分组观测）、三脚架及稳定装置、赤道仪、目镜（不同放大倍数）、手电筒、记录本、笔。

三、实验原理

天文望远镜的基本原理是收集和聚焦光线，使远处的天体变得可见。望远镜主要分为折射式和反射式两种。折射式望远镜通过透镜折射光线并聚焦成像，适用于观测行星、月球等天体的细节；反射式望远镜则利用镜面反射光线，适用于拍摄广角景物和观察深空天体，如星云和星系。

四、实验过程

本次实验主要介绍 AstroMaster 90EQ 折射式望远镜、NexStar 127slt 折反射望远镜、牛顿式自助寻星镜的组装及使用方法。

1. AstroMaster 90EQ 折射式望远镜

（1）组装望远镜：安装三脚架，调整高度，望远镜本体与三脚架稳固连接，调整方向角和仰角。为了使望远镜保持平衡，需安装重锤杆和重锤。拧紧赤纬和赤经旋钮，拧紧纬度调整螺丝，确保托架不会突然移动的情况下，将望远镜筒通过鸠尾板连接到支架上。（注意：除了赤经锁和赤纬锁旋钮，不要松开任意旋钮，调整、移动镜筒时尽量用手扶稳，以免镜筒跌落）安装天顶镜、目镜，天顶镜是用一个棱镜把光线以正确的角度折射的附件，以便我们更舒服地观测。此天顶镜能够产生全正图像。转动目镜接口下方的调焦旋钮进行调焦。

（2）操作红点寻星镜：安装红点寻星镜，顺时针旋转亮度调节旋钮直到听见“咔嗒”声，则红点寻星镜已被打开。找一颗亮星作为观察目标，调节主望远镜，使其位于低倍率目镜的视场中心，通过寻星镜的玻璃窗观察目标。不移动主望远镜，转动寻星镜的方位和高度调节旋钮，直到红点与目标天体重合。

（3）平衡赤经轴、赤纬轴：松开赤经锁，观察调整，使望远镜和重锤杆平衡，锁上赤经锁，松开赤纬锁，转动望远镜使其与地面平行，此时不可完全松开望远镜镜筒。

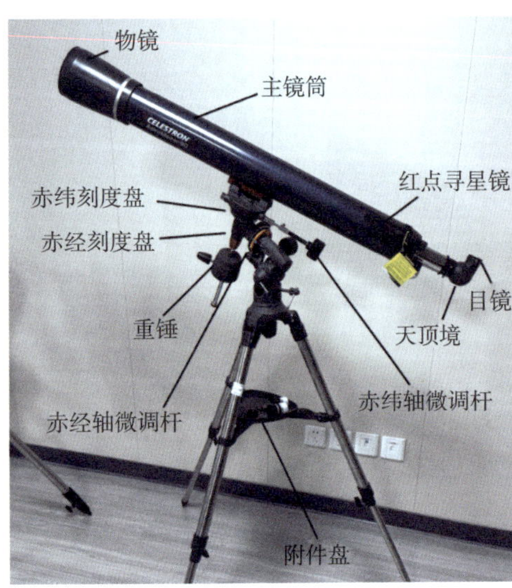

图 7-1　AstroMaster 90EQ 折射式望远镜

（4）按照纬度调极轴：若是白天，可利用指南针来确保托架的极轴指向正北，水平放置三脚架。夜晚可以利用北极星指示方向，松开赤纬旋钮，移动望远镜使镜筒与极轴平行，此时赤纬的设定环读数为 +90°。调整托架高度和方位角，使北极星在红点寻星镜的视野内，调整直到红点与北极星重合。

2. NexStar 127slt 折反射望远镜

（1）组装望远镜：安装三脚架、天顶镜、目镜、红点寻星镜等配件，转动目镜接口下方的调焦旋钮进行调焦。

（2）安装手控器：将手控器电缆末端连接器插入望远镜叉臂基座上的插座，推动连接器直到发出“咔嗒”声，随后将手控器固定在支架上。

（3）定位天体、星座：利用 NexStar + 手控器驱动望远镜“巡天”，生成当前可见的深空目标列表，选取一个目标后进行观测，记录该天体的相关资料；或浏览 NexStar + 手控器存储的常见天体目标，确定目标，指向选中天体进行观测。

3. 牛顿式自助寻星镜

（1）组装望远镜：安装三脚架、红点寻星镜、目镜等配件。

（2）下载 SynScan 或 SynScan Pro 手机软件，将手机软件通过 Wi-Fi 连接智能设备（手机、平板电脑等），控制望远镜进行摄影。

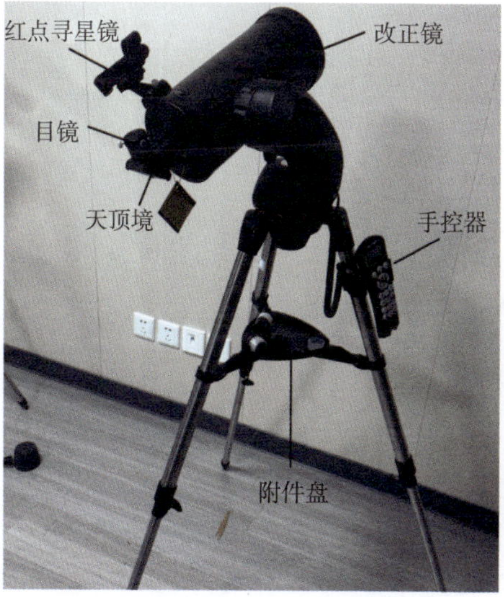

图 7-2　NexStar 127slt 折反射望远镜

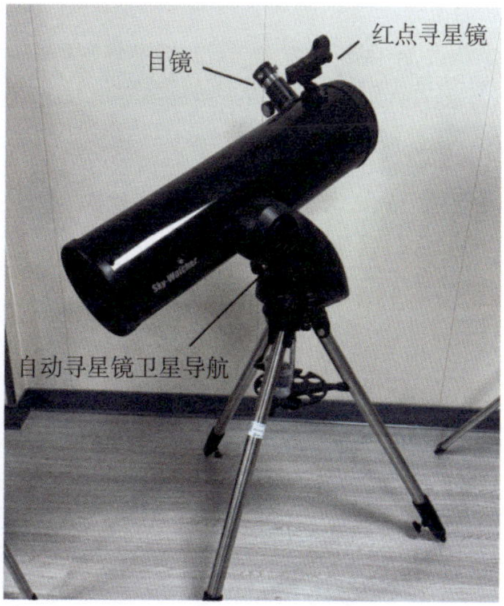

图 7-3　牛顿式自助寻星镜

（3）通过小组合作，将观察的天体特征作如下记录：

目标 1	特征	目标 2	特征

五、实验评价

1. 评价维度

（1）实验表现：目的明确、态度端正，遵守实验室规章制度。

（2）实验任务：掌握相关技能，正确使用仪器，独立、认真、有效地完成各实验环节。

（3）创新意识：能细致思考、仔细观察、多点发现，有创新。

2. 评分标准

为了准确客观地评定学生的实验成绩，设置五个等级标准：优秀、良好、中等、及格、不及格。90～100分为优秀，80～89分为良好，70～79分为中等，60～69分为及格，60分以下为不及格。

开展时间	分值	要求	自评	师评
实验前	10	预习《地球概论》教材中的相关内容，熟悉望远镜和手控器的使用方法		
实验中	70	1. 能够在天空中指认北极星位置（20分）； 2. 掌握基本的望远镜使用技能，能够利用望远镜和手控器定位目标天体进行观测（20分）； 3. 实验过程中能够勤于思考，积极动手，善于小组合作，完成各阶段的实验任务（30分）		
实验后	20	1. 根据实验总结相关知识，撰写实验心得与实验报告（10分）； 2. 能够形成科学观点和科学态度，树立正确的宇宙观、价值观（10分）		

实验 8

月面结构观测与记录

一、实验目的

仔细观察月面，了解月球正面结构概况，印证有关月球表面结构特征的知识。

二、实验准备

简易天文望远镜、绘图纸、记录本、铅笔等。

三、实验原理

月球表面高低起伏，从地球上可以看到月面上存在明暗不均的现象，月面同地面有相似的结构，主要有月海[①]、山脉、环形山和辐射纹等。

① 伍光和等编著的《自然地理学（第四版）》（高等教育出版社 2008 年版）中指出：“月球表面也有山脉、丘陵、平原和低地，由火山作用和陨石冲击形成的环形山，尤其分布广泛，人类比较了解的‘月海’实际上是由玄武岩构成的平原。”

四、实验过程

（1）开始观测前，先在绘图纸上画一个圆圈表示月面轮廓。在圆圈外面标出东、西、南、北四个方位，并连接南北、东西，所得2条线段相交于圆心，将圆面划分为四等份，分别以A、B、C、D命名。

（2）观测月面结构概况的时间，最好选择上弦月或下弦月前后的晴朗夜晚，此时较长的影子揭示了月球表面的大量细节。低倍镜下可以一次性看到月轮的大部分面积，使用高倍镜则可以对准一个小区域进行观测。

（3）通过望远镜（或用肉眼）仔细观察月球正面亮区和暗区的分布情况，对照轮廓图的四个区，将所看到的月海、环形山、辐射纹等，逐区草绘到月面轮廓图中。当月面某一部分出现在月球明暗交界附近时，太阳光斜射观测目标，使月面的凸起部分出现特别黑暗的影子，使环形山和山脉的形态显得非常清晰，所以还可选择一些著名的环形山和山脉作为重点观察目标，当这些目标出现在月球明暗界线附近时，观察它们的形态特征。

（4）对照正规的月球正面图，校正观测中草绘的月面结构概况图，并在校正后的月球正面结构概况图中，标注出主要“海洋”、山脉和环形山的名称。

图8-1 利用Seestar望远镜拍摄的月球表面照片

月面正面结构观测记录

年 月 日
120°（E）标准时：
国际标准时：

观测者： 天气状况：
观测地点： 能见度：
备注：

五、实验评价

1. 评价维度

（1）实验表现：目的明确、态度端正，遵守实验室规章制度。

（2）实验任务：掌握相关技能，正确使用仪器，独立、认真、有效地完成各实验环节。

（3）创新意识：能细致思考、仔细观察、多点发现，有创新。

2. 评分标准

为了准确客观地评定学生的实验成绩，设置五个等级标准：优秀、良好、中等、及格、不及格。90 ～ 100 分为优秀，80 ～ 89 分为良好，70 ～ 79 分为中等，60 ～ 69 分为及格，60 分以下为不及格。

开展时间	分值	要求	自评	师评
实验前	10	预习《地球概论》教材中的相关内容，熟悉地月系相关知识		
实验中	70	1. 能够制定合理的观测任务并顺利完成（20 分）； 2. 能够正确使用望远镜，绘制出美观的月面结构简图（20 分）； 3. 实验过程中能够坚持不懈、勤于思考、积极动手、吃苦耐劳，完成各阶段的实验任务（30 分）		
实验后	20	1. 根据实验总结相关知识，撰写实验心得与实验报告（10 分）； 2. 能够形成科学观点和科学态度，树立正确的宇宙观、价值观（10 分）		

实验 9

太阳黑子观测与记录

一、实验目的

了解太阳表面黑子的形态特征，认识不同程度的太阳活动。

二、实验准备

天文望远镜、手机、记录本、铅笔等。

三、实验原理

黑子是光球上经常出现的暗黑斑点，一般由较暗的核与周围较亮的部分构成。黑子看起来是太阳表面黑色的斑点，但这其实是明亮光球反射的结果。[①] 太阳黑子的多少也是太阳活动强弱的重要标志。

太阳黑子活动是用黑子相对数表示的，其计算公式如下：

$$R=k(10g+f)$$

式中：R——黑子相对数；g——观测时的黑子群数；f——观测时的单

① 金祖孟编著的《地球概论（第四版）》（高等教育出版社 2023 年版）中指出："黑子其实不黑，只是其温度比周围光盘低一些（约为 4 500 K），在明亮的光球反衬下才呈现暗色。"

个黑子总数；k——换算因子，它取决于望远镜的口径大小、观测技术和天气明晰程度，对于短期观测，可取 $k=1$。对于一次性的观察实习来说，黑子聚在一起就算一群，其特征是东西长、南北窄，一般有两个主要黑子。有的单独一个黑子距别的黑子较远，也算一群黑子。黑子的个数一般按本影计算，如在一片半影中有几个本影黑点就算几个黑子。

四、实验过程

（1）备好观测记录纸，在纸上画一适当直径的圆圈，过圆心画两条正交的细线，把圆分为四个象限。在细线顶端标上东、西、南、北方位。由于观测者观测方向和日面的方向正相反，所以观测记录纸的上方是北，下方是南，右方为东，左方为西。

（2）手机连接 Seestar S50 望远镜，调整使望远镜的镜头露出，安装固定太阳滤镜，使其指向太阳，进行拍摄。

图 9-1 Seestar S50 望远镜

图 9-2　某学生利用 Seestar 望远镜追寻太阳

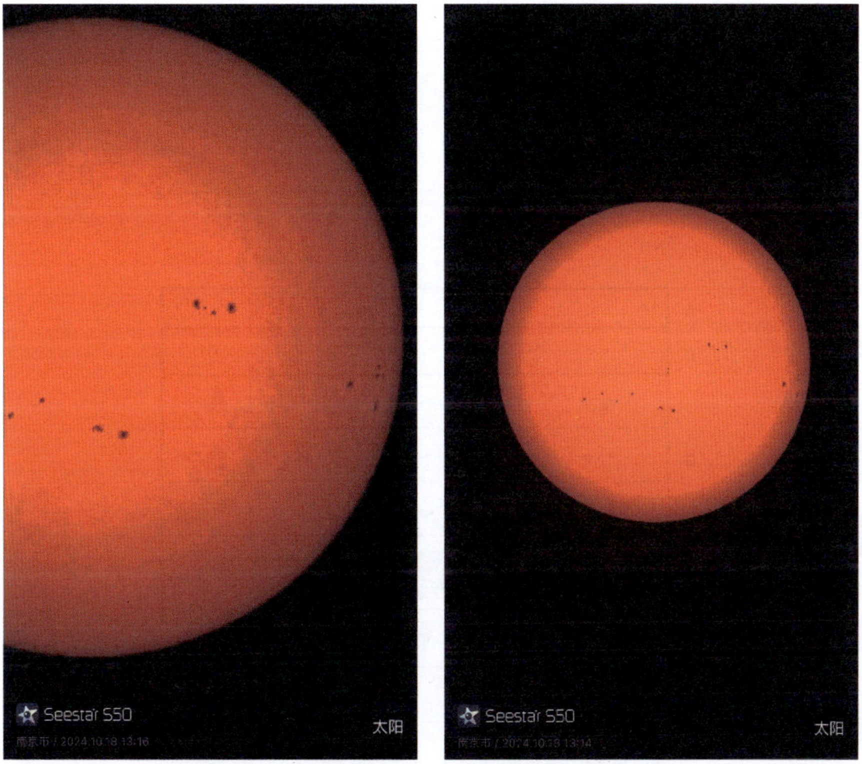

（a）　（b）

图 9-3　利用 Seestar 望远镜拍摄的太阳黑子

（3）描画太阳黑子图：进行东西线校准，使绘图纸上的东西线与太阳黑子的视运动方向平行，在量度太阳黑子的日面经度和纬度时，它是基本参考线。用铅笔在记录纸上把太阳黑子的位置、形状和数目按先本影、后半影的顺序描绘下来，不可忽略或遗漏微小的黑子。

（4）记录观测完毕的时刻（记下描画前和描画后的时刻，以中间值作为观测时刻）及观测当日的天气状况等。

（5）观测资料分析处理：一般相距极近的几个黑子常属于同一群，但也有仅一个单独的黑子相当于一个群的。分群后自西向东给黑子群顺序编号。给各群黑子分类，各国常使用苏黎世（Zürich）分型，根据黑子群诞生以后的发展形态，按大小和复杂程度来分类。A 表示最小的单个黑子或小黑子群，F 表示最大和最复杂的黑子群。这种分类法体现了大多数黑子群的历史，它们的形态大致按 Zürich 分型演化，寿命较长的黑子可能经历图 9-4 中的全过程，但大多数寿命较短的黑子群通常发展到 C 或 D 型后，就会变成 H 或 J 型，然后消失。

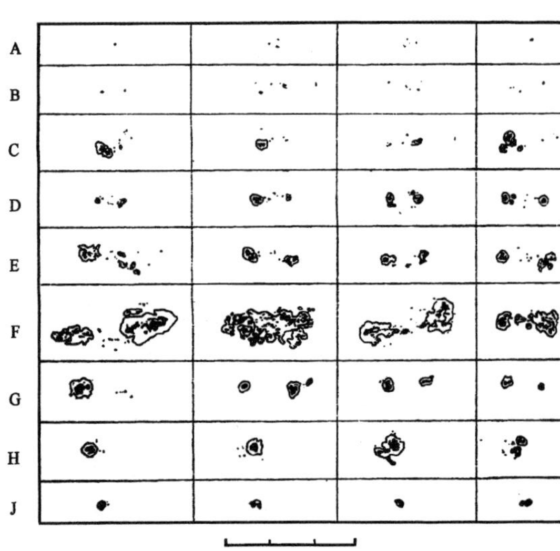

图 9-4　太阳黑子群 Zürich 分型举例

（6）计算黑子相对数：在每群中数出黑子个数，根据公式 $R=k（10g+f）$ 计算黑子相对数。结果填入下表：

地点 ＿＿＿＿＿＿ 地理位置 ＿＿＿＿＿＿ 天气状况 ＿＿＿＿＿＿
观察者 ＿＿＿＿＿ 日期 ＿＿＿＿＿＿＿ 标准时 ＿＿＿＿＿＿

观察编号	时刻（地方时）	f	g	R

太阳黑子结构观测记录

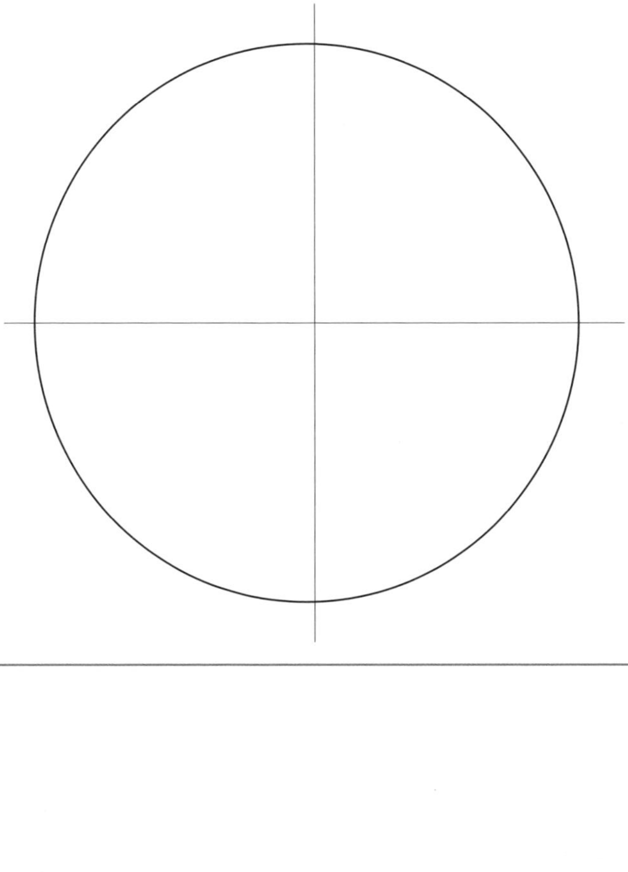

五、实验评价

1. 评价维度

（1）实验表现：目的明确、态度端正，遵守实验室规章制度。

（2）实验任务：掌握相关技能，正确使用仪器，独立、认真、有效地完成各实验环节。

（3）创新意识：能细致思考、仔细观察、多点发现，有创新。

2. 评分标准

为了准确客观地评定学生的实验成绩，设置五个等级标准：优秀、良好、中等、及格、不及格。90 ～ 100 分为优秀，80 ～ 89 分为良好，70 ～ 79 分为中等，60 ～ 69 分为及格，60 分以下为不及格。

开展时间	分值	要求	自评	师评
实验前	10	预习《地球概论》教材中的相关内容，熟悉太阳活动的相关知识		
实验中	70	1. 能够制定合理的观测任务并顺利完成（20 分）； 2. 能够正确使用 Seestar 望远镜观察太阳活动（20 分）； 3. 实验过程中能够坚持不懈、勤于思考、积极动手、吃苦耐劳，完成各阶段的实验任务（30 分）		
实验后	20	1. 根据实验总结相关知识，撰写实验心得与实验报告（10 分）； 2. 能够形成科学观点和科学态度，树立正确的宇宙观、价值观（10 分）		

实验 10

银河定位与摄影

一、实验目的

了解银河的位置和形态特征，理解银河与月轮的运行规律，掌握拍摄银河的技术，培养对美的欣赏能力。

二、实验准备

硬件准备：天文望远镜、摄影设备、三脚架、指南针、星图等。

软件准备：Stellarium（虚拟天文馆软件，用于查询银河升起时间和位置）、Star Walk 2（手机应用，辅助观测星空）。

三、实验原理

由于太阳到银河两端的距离之比约为 1∶3，而银河的天体又非常密集，因此随着地球的公转，夏天和冬天会看到截然不同的银河。

四、实验过程

（1）查询银河升起时间：北半球的银河只在每年夏季容易拍到，东方升起西南方落下。可从 Stellarium 或 Star Walk 2 软件查询银河位置和升起时间。同时确认当日天气晴朗无云。

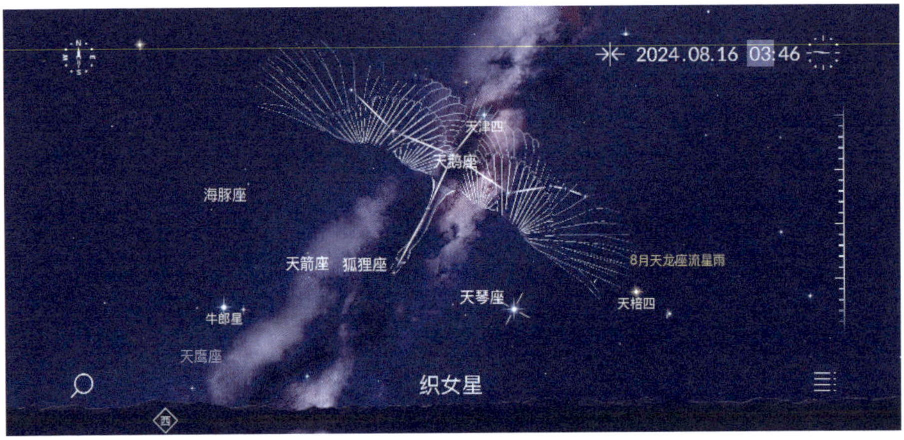

图 10-1 利用 Star Walk 2 软件查询并定位银河位置和升起时间

（2）避免月光影响：查找银河升起时月亮落下或者呈现新月的时间。一般在农历每月的三十和初一前后，月亮越暗越好，避免月光过强影响曝光。

（3）选取拍摄点：远离城区和公路，尽量减少光污染。条件允许的情况下，高海拔且人迹罕至的地点效果最佳。

（4）寻找银河位置：使用星图和指南针确定银河的方向和大致位置；根据预测时间和观测地点，调整相机角度，使银河位于画面中心。

（5）由于银河在天空中较暗淡，拍摄时基本遵循大光圈、高感光度、长时间曝光的原则。

五、实验评价

1. 评价维度

（1）实验表现：目的明确、态度端正，遵守实验室规章制度。

（2）实验任务：掌握相关技能，正确使用仪器，独立、认真、有效地完成各实验环节。

（3）创新意识：能细致思考、仔细观察、多点发现，有创新。

2. 评分标准

为了准确客观地评定学生的实验成绩，设置五个等级标准：优秀、良好、中等、及格、不及格。90 ～ 100 分为优秀，80 ～ 89 分为良好，70 ～ 79 分为中等，60 ～ 69 分为及格，60 分以下为不及格。

开展时间	分值	要求	自评	师评
实验前	10	预习《地球概论》教材中的相关内容，熟悉银河、银河系的相关知识		
实验中	70	1. 能够制定合理的观测和拍摄任务并顺利完成（20 分）； 2. 能够拍摄出美观的照片（20 分）； 3. 实验过程中能够坚持不懈、勤于思考、积极动手、吃苦耐劳，完成各阶段的实验任务（30 分）		
实验后	20	1. 根据实验总结相关知识，撰写实验心得与实验报告（10 分）； 2. 能够形成科学观点和科学态度，树立正确的宇宙观、价值观（10 分）		

第三章学习资源

[1] 福建师范大学慕课“地球概论”：https://www.icourse163.org/spoc/course/FJNU-1205805832? tid=1206099307

[2] 籍进柱，郭弟均，刘建忠，等 . 1 : 250 万月球全月地质图（英文）[J]. *Science Bulletin*，2022，67（15）：1544-1548.

[3] CARRASCO V M S, LEFÈVRE L, VAQUERO J M, et al. Equivalence Relations Between the Cortie and Zurich Sunspot Group Morphological Classifications [J]. *Solar Physics*, 2015, 290（5）：1445-1455.

[4] 卓睿，何建森，段叠，等 . 太阳活动预测：太阳黑子数和太阳综合磁图 [J]. 中国科学：地球科学，2024，54（8）：2496-2514.

[5] 史晨 . 聚焦太阳风暴和地磁暴 [J]. 检察风云，2024（10）：36-37.

[6] 傅文博 . 信息技术支撑下的高中天文观测教学实践研究 [D]. 上海：上海师范大学，2024.

[7] 陈丙秋，张百松 . 银河系三维消光图 [J/OL]. 科学通报，2024，69（Z2）：4218-4229.

[8] 汪景琇 . 预测太阳磁场的时空分布，认知太阳活动的演化规律 [J]. 中国科学：地球科学，2024，54（8）：2744-2746.

[9] 姚培泰 . 基于现象的学习：高中地理问题式教学实施路径——以人教版必修第一册“太阳活动对地球的影响”为例 [J]. 中学地理教学参考，2023（1）：38-41.

[10] 王家龙，孙静兰 . 太阳活动及其对地球环境的影响 [J]. 第四纪研究，2002（6）：510-523.

[11] 张亮，王赤，傅绥燕 . 太阳活动与全球气候变化 [J]. 空间科学学报，2011，31（5）：549-566.

[12] 丁一汇 . 太阳活动对地球气候和天气的影响 [J]. 气象，2019，45（3）：297-304.

[13] 许洁云 . 基于地理核心素养的中学天文实践活动设计研究 [D].

广州：广州大学，2017.
［14］范云龙．天文学校本课程体系建设及实践研究——以江西省抚州市第一中学为例［D］．武汉：华中师范大学，2018.
［15］章颖．天文地理与中学地理校本课程［J］．地理教学，2014（11）：19-21.
［16］冯世宏．可持续发展校本课程的实践与思考——以中学天文校本课程为例［J］．中学地理教学参考，2010（5）：18-19.
［17］沈新荣．学术性天文社团的课程体系建设——以天文社天文校本课程建设为例［J］．创新人才教育，2014（4）：40-43.
［18］张海，王海燕．地理实验设计——观测实验［J］．地理教学，2018（12）：33-38，7.
［19］王建．现代自然地理实习教程［M］．北京：高等教育出版社，2006.
［20］余明．地球概论［M］．北京：科学出版社，2010.
［21］林元章．太阳物理导论［M］．北京：科学出版社，2000.

第四章
地球运动

实验 11：地转偏向力研究——水池放水实验

实验 12：地转偏向力研究——傅科摆实验

实验 13：夜半中星观测与记录

实验 14：手表定向与教学实践

实验 11

地转偏向力研究——水池放水实验

一、实验目的

探究地转偏向力（科氏力）对水池放水时形成的漩涡方向的影响，验证在北半球是否会产生预期的逆时针漩涡，即地转偏向力是否足够大，以及水池放水时水流的旋转方向能否证明地转偏向力。

二、实验准备

底部带孔的平底容器、清水、有颜色的墨水、小树叶（漂浮物）、水平仪。

三、实验原理

地球自转时各点具有不同的切向线速度。同一条经线上，低纬的切向线速度大，高纬的小，赤道最大，极点为零。所以当物体在沿经线由高纬向低纬流动过程中，物体从高纬获得的较小的线速度因惯性作用被保持下来，造成运动物体与低纬地面间的线速度的差异。正是这种差异，使运动物体落后于低纬地面而有向西一侧偏转的趋势。切向线速度的差异，造成了运动物体方向的偏转。在北半球，如果排除其他干扰因素，由于地转偏向力的作用，水池放水时形成的漩涡应该呈逆时针方向。[①]

四、实验过程

（1）器材准备：确保带孔容器完全水平放置，分别从左侧、右侧倾斜注入足够多的水，使其达到稳定的高度。静置后再次测量容器和水面是否完全水平，确保其完全水平。

（a）

（b）

图 11-1　向水平容器注水后静置

（2）排水并滴加墨水（放置小树叶）：在尽可能减少扰动的情况下打开排水口，让水慢慢流出，同时迅速向水中滴加墨水（放置小树叶），借此观察水流路径。

① 伍光和等编著的《自然地理学（第四版）》（高等教育出版社 2008 年版）中指出："地球自转使所有在北半球做水平运动的物体都发生向右偏转，在南半球则向左偏。"

图 11-2 滴加墨水

（3）观察记录：仔细观察水流的路径，记录是否出现了预期的偏转。按理论来说，北半球水流漩涡呈逆时针，在南半球则呈顺时针。

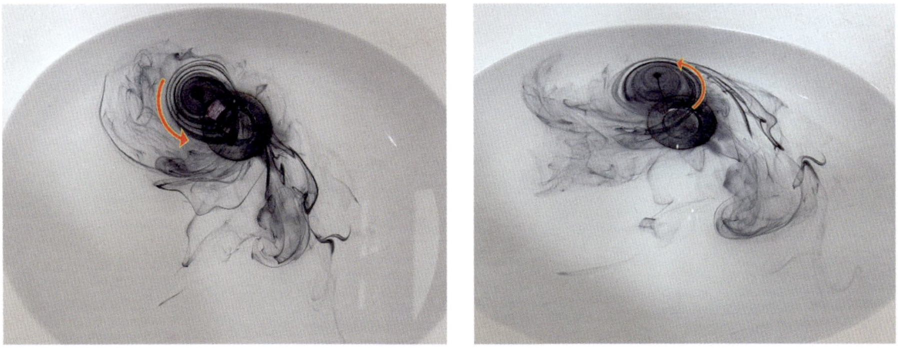

（a）（b）

图 11-3 北半球水流路径呈逆时针

（4）多次重复实验：为了验证结果的一致性，在同样的条件下重复至少 5 次。

（5）结果统计与分析：记录水流的漩涡路径并进行统计分析，若实验结果不完全符合理论预期，对影响因素进行分析，包括放水操作、放水速度、容器摩擦力、风速、杂质等。

（6）根据实验结论提出改进建议：分析实验的局限性并提出建议，写成实验报告。

漩涡路径记录表

<table>
<tr><td>第一次</td><td>第二次</td><td>第三次</td><td>第四次</td><td>第五次</td></tr>
<tr><td></td><td></td><td></td><td></td><td></td></tr>
<tr><td>第六次</td><td>第七次</td><td>第八次</td><td>第九次</td><td>第十次</td></tr>
<tr><td></td><td></td><td></td><td></td><td></td></tr>
<tr><td colspan="5">备注：</td></tr>
<tr><td colspan="5">结果分析：</td></tr>
<tr><td colspan="5">误差分析：</td></tr>
<tr><td colspan="5">实验的局限性与改进建议：</td></tr>
</table>

五、实验评价

1. 评价维度

（1）实验表现：目的明确、态度端正，遵守实验室规章制度。

（2）实验任务：掌握相关技能，正确使用仪器，独立、认真、有效地完成各实验环节。

（3）创新意识：能细致思考、仔细观察、多点发现，有创新。

2. 评分标准

为了准确客观地评定学生的实验成绩，设置五个等级标准：优秀、良好、中等、及格、不及格。90 ～ 100 分为优秀，80 ～ 89 分为良好，70 ～ 79 分为中等，60 ～ 69 分为及格，60 分以下为不及格。

开展时间	分值	要求	自评	师评
实验前	10	预习《地球概论》教材中的相关内容，熟悉地球自转、地球自转带来的影响的相关知识		
实验中	70	1. 能够制定合理的实验任务并顺利完成（20 分）； 2. 能够完整记录实验过程，思考实验误差，具备批判性思维（20 分）； 3. 实验过程中能够坚持不懈、勤于思考、积极动手、吃苦耐劳，完成各阶段的实验任务（30 分）		
实验后	20	1. 根据实验总结相关知识，撰写实验心得与实验报告（10 分）； 2. 能够形成科学观点和科学态度，树立正确的宇宙观、价值观（10 分）		

实验 12

地转偏向力研究——傅科摆实验

一、实验目的

熟悉傅科摆的结构，了解傅科摆的使用工作原理；通过傅科摆实验，观察分析摆球摆动平面的偏转现象，理解科氏力的产生和作用机制；利用傅科摆实验证明地球的自转；通过不同纬度下的实验数据，探讨地理纬度与摆球偏转率之间的关系。

二、实验准备

重物、细绳（或钢丝）、尖锐物体（如钉子或螺丝，用于在地面上标记摆球摆动轨迹）、水平仪、秒表、相机（可选，用于记录摆动过程）、测量工具（如卷尺，用于测量摆长）。

三、实验原理

傅科摆[①]的设计包含几个关键要素，以确保其能够证明地球自转。首先，傅科摆配备了一个密度大且质量足够的金属摆球（傅科当年使用了一个重达 27 kg 的金属球），以有效克服空气阻力的影响，摆锤下方嵌一枚尖针。此外，它还拥有尽可能长的摆线（傅科使用了一根长达 67 m 的钢丝来悬挂摆球），以延长摆动周期、增加摆的振幅。

另一个关键的设计是傅科摆采用了一种特殊的悬挂装置即万向节，这一特殊的悬挂装置使得摆球在往任何方向摆动时，轴部所受的阻力都最小，从而使摆动面能够相对独立于地球自转。地面上，在摆锤往返经过的地方安放两个沙盘，这样，当摆锤往复摆动的时候，尖针便在沙盘上划出一道道痕迹。

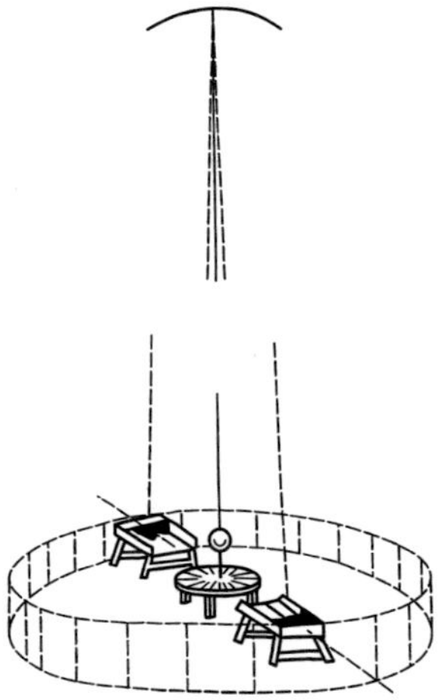

图 12-1　傅科摆原理示意图 1（图源：金祖孟编著的《地球概论（第四版）》）

傅科的实验表明，摆锤在沙盘上留下的痕迹并不重合，但都在中心相交。他当时测定，在离中心 4 m 远的沙盘上，摆锤连续两次所划出的痕迹，相隔 3.6 mm。很明显，相对于地面（沙盘）方向来说，摆动面在缓慢地、持续地沿顺时针方向偏转。

这个实验宜在高纬度地带进行。在北极，朝着某个恒星方向摆动的摆锤，会追随这颗恒星做周日运动，摆动面每小时偏转 15°。这一事实表明，

① 伍光和等编著的《自然地理学（第四版）》(高等教育出版社 2008 年版）中指出："1851 年，傅科在实验中发现，钟摆平面在 49°N 的巴黎，每小时右偏 11° 多，每 32 h 偏转一周（360°）。后来的研究表明，摆动平面在极地每小时偏转 15°，每 24 h 偏转一周，但在赤道上却不发生偏转。摆动平面是固定不变的，这种偏转就只能是视偏转，它说明不同纬度上的经线方向在不断变化，即地球自西向东旋转。在赤道上，经线的切线平行于地轴，因此它的方向不因地球旋转而变化。在两极，经线的切线与地轴相互垂直，因此它们的方向每天变化 360°，每小时变化 15°，与地球旋转角速度相同。摆动平面的视偏转与地球旋转方向相反，即在北半球向右或顺时针，在南半球向左或逆时针。"

摆动面始终保持在恒星的方向，而它同经线方向之间的关系则发生了变化。这个实验生动地证明：地球按逆时针方向（向东）旋转。

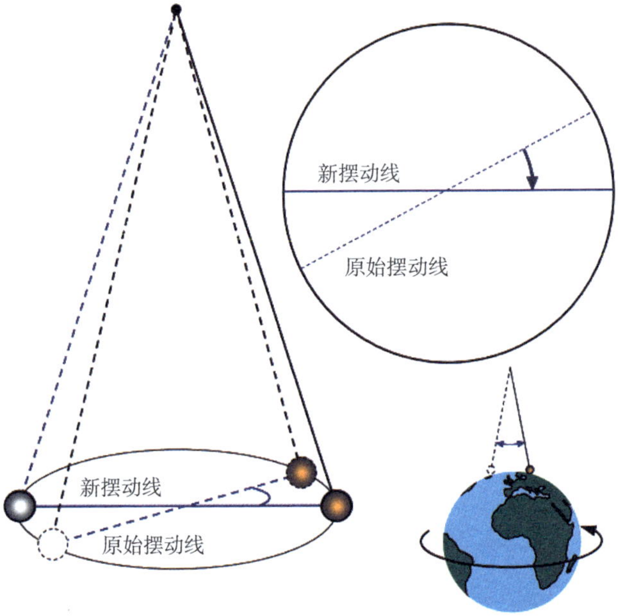

图 12-2　傅科摆原理示意图 2 [图源：*The New Resourceful Physics Teacher*（GIBBS K，2020），有改动]

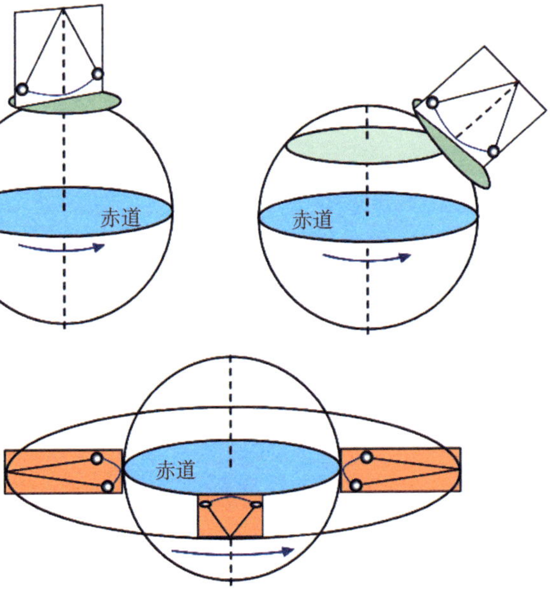

图 12-3　傅科摆原理示意图 3 [图源：*The New Resourceful Physics Teacher*（GIBBS K，2020），有改动]

理论和实验证明，傅科摆偏转的方向，因南、北半球而不同：北半球右偏，南半球左偏。偏转的速度与纬度的正弦成正比。

四、实验过程

（1）悬挂摆锤：用细绳或钢丝将摆锤悬挂在高处（礼堂顶），摆锤底部嵌入尖针，确保绳子足够长，以延长摆动周期、增加摆的振幅。调整摆线，使用水平仪确保摆线与地面垂直，减少摆线倾斜导致的误差。

（2）固定参考点：在摆锤下方地面上放置两个沙盘，作为摆锤摆动轨迹的参考点，确认傅科摆处于静止状态。

（3）释放摆锤：在保持摆线笔直的情况下，双手轻轻将摆锤拉到标准方向线一侧，然后松手释放，使其自由摆动。

（4）记录数据：使用秒表记录摆锤完成一次完整摆动所需的时间，即摆动周期。观察并记录摆锤摆动面的偏转方向、摆锤在刻度盘上偏转的弧长 s、刻度盘半径 r。可使用相机记录全过程以便后续分析。

（5）重复实验：多次重复实验，以提高数据准确性。在条件允许的情况下可以在不同地理纬度多次实验，以探究偏转率和地理纬度之间的关系。

（6）数据分析：根据记录的摆动周期和偏转情况，即偏转速度，验证地理纬度（φ）与傅科摆的角速度（$\frac{\mathrm{d}\theta}{\mathrm{d}t}$）的关系，即 $\frac{\mathrm{d}\theta}{\mathrm{d}t}=\sin\varphi\cdot15°/h$。

（7）误差分析：如果实验与假想不同，思考误差出现的原因，并提出相应的改正意见。思考以下问题：① 如果傅科摆的摆锤不够重，或摆线不够长，会对实验造成什么影响？② 我们所在的地球时刻处于高速运转中，为什么我们不会被离心力甩出地球？

五、实验评价

1. 评价维度

（1）实验表现：目的明确、态度端正，遵守实验室规章制度。

（2）实验任务：掌握相关技能，正确使用仪器，独立、认真、有效地完成各实验环节。

（3）创新意识：能细致思考、仔细观察、多点发现，有创新。

2. 评分标准

为了准确客观地评定学生的实验成绩，设置五个等级标准：优秀、良好、中等、及格、不及格。90～100分为优秀，80～89分为良好，70～79分为中等，60～69分为及格，60分以下为不及格。

开展时间	分值	要求	自评	师评
实验前	10	预习《地球概论》教材中的相关内容，熟悉地球自转、地球自转带来的影响的相关知识		
实验中	70	1. 能够制定合理的实验任务并顺利完成（20分）； 2. 能够完整记录实验过程，思考实验误差，具备批判性思维（20分）； 3. 实验过程中能够坚持不懈、勤于思考、积极动手、吃苦耐劳，完成各阶段的实验任务（30分）		
实验后	20	1. 根据实验总结相关知识，撰写实验心得与实验报告（10分）； 2. 能够形成科学观点和科学态度，树立正确的宇宙观、价值观（10分）		

实验 13

夜半中星观测与记录

一、实验目的

通过实验观测夜半中星的变化，理解地球自转对星空视运动的影响；学习并应用天球坐标系统来描述天体位置；提高对星空的认知，掌握识别星座和亮星的基本技能；培养天文观测能力。

二、实验准备

天文望远镜、电子星图或纸质星图、指南针、手表、记录本和笔、简易量角器。

三、实验原理

北极星位于地球自转轴的延长线附近，因此它相对于地球上的观测者来说几乎静止不动（短时间尺度）。太阳周年运动（由地球公转造成的一种视运动）的图解是十分明显的，但由于太阳光掩蔽了星空背景，这种天象是无法直接观察到的。因此，古代天文学家通过观测夜半中星的变化，间接地推出了太阳的周年运动。夜半中星不断改变，证明了太阳在恒星间不断移动。随着地球轨道位置的改变，春分（3 月 21 日）、夏至（6 月 22

日）、秋分（9 月 23 日）和冬至（12 月 22 日）的夜半中星分别为狮子座、天蝎座、飞马座和猎户座。

四、实验过程

（1）器材准备：到达观测地点后，使用指南针确定方向，调整望远镜至水平状态。使用计时器校准当地时间，确保观测时间准确。

（2）寻找夜半中星：在特定的季节选择典型的星座观测，如春分为狮子座、夏至为天蝎座、秋分为飞马座、冬至为猎户座。

（3）定位夜半中星：通过望远镜寻找并确认夜半中星，记录其赤经、赤纬。使用简易量角器测量夜半中星的高度角，并记录。

（4）观测其他亮星和星座：在观测夜半中星的同时，利用望远镜和星图观测并识别周围的其他亮星和星座。记录各亮星和星座的赤经、赤纬（如果可能）及高度角。

（5）数据记录与分析：详细记录观测日期、时间、地点、观测条件（如天气、光污染程度等）。对观测数据进行整理和分析，比较不同日期夜半中星的变化情况。

（6）分析总结：总结观测到的夜半中星及其他亮星、星座的信息，包括位置、高度角等，并进一步分析夜半中星变化的原因。提出改进观测方法或进一步研究的建议，如使用更精确的观测设备、选择更好的观测时间等。

图 13-1　利用 Seestar 拍摄的牛郎星

五、实验评价

1. 评价维度

（1）实验表现：目的明确、态度端正，遵守实验室规章制度。

（2）实验任务：掌握相关技能，正确使用仪器，独立、认真、有效地完成各实验环节。

（3）创新意识：能细致思考、仔细观察、多点发现，有创新。

2. 评分标准

为了准确客观地评定学生的实验成绩，设置五个等级标准：优秀、良好、中等、及格、不及格。90 ～ 100 分为优秀，80 ～ 89 分为良好，70 ～ 79 分为中等，60 ～ 69 分为及格，60 分以下为不及格。

开展时间	分值	要求	自评	师评
实验前	10	预习《地球概论》教材中的相关内容，熟悉地球自转、地球自转带来的影响的相关知识		
实验中	70	1. 能够制定合理的实验任务并顺利完成（20 分）； 2. 能够完整记录实验过程，思考实验误差，具备批判性思维（20 分）； 3. 实验过程中能够坚持不懈、勤于思考、积极动手、吃苦耐劳，完成各阶段的实验任务（30 分）		
实验后	20	1. 根据实验总结相关知识，撰写实验心得与实验报告（10 分）； 2. 能够形成科学观点和科学态度，树立正确的宇宙观、价值观（10 分）		

实验 14

手表定向与教学实践

一、实验目的

了解体验地球自转的后果；利用地球自转原理判别方向；与高中地理“太阳视运动”相关知识对接，了解相关题型。

二、实验准备

手表、指南针等。

三、实验原理

由于地球自转，太阳每天在天空中从东向西运动，运行一圈的时间是24小时（即“周日运动”，其周期和速度与地球自转相同）。人们规定太阳经过上中天的时刻为正午12点（地方时），太阳的位置在正南方。太阳位于地平线时，每小时向西移动15°，钟表每小时转动30°，钟表速度是太阳的2倍。所以如果将时针对准太阳，由于正午12点太阳运动到正南，所以现在太阳方向和12点钟方向的夹角的角平分线对准正南方。

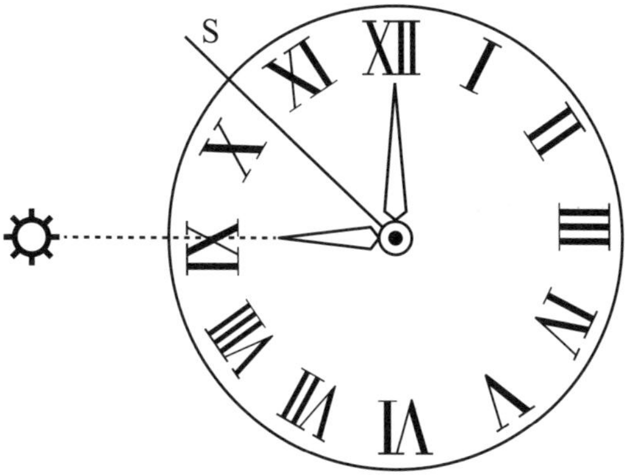

图 14-1　手表定向示意图

四、实验过程

（1）将时针对准现在太阳所在方位。

（2）此时太阳方向和 12 点钟方向的夹角的角平分线对准正南方。

（3）思考如何利用地球自转原理并结合高中地理“太阳视运动”知识点讲解试题并设计教案，例如：

（南通市四校高三上学期 12 月学情调研卷 1 ～ 3 题）某航班于 2023 年 3 月 21 日日落时从甲地（30°N，105°W）起飞，沿经线飞行，经过北极点飞到乙地落地时为 22 日 21：00。完成下面小题。

1. 推测此次飞机飞行中　（　　）

A. 飞行路线为最短航线

B. 飞行距离大于 12 000 千米

C. 飞行方向为先正北后正南

D. 飞机上的乘客经历了 6 小时以上的昼长

2. 该航班共飞行了　（　　）

A. 10 小时　　B. 12 小时　　C. 14 小时　　D. 16 小时

3. 飞机起飞时天安门广场上一地理兴趣小组正在用手表定向法进行定向的实践活动，小组成员作出的四幅示意图中最科学的是 (　　)

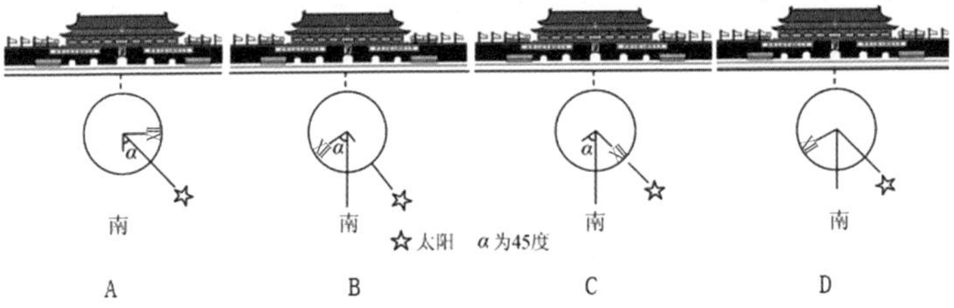

A. A　　B. B　　C. C　　D. D

教学设计

五、实验评价

1. 评价维度

（1）实验表现：目的明确、态度端正，遵守实验室规章制度。

（2）实验任务：掌握相关技能，正确使用仪器，独立、认真、有效地完成各实验环节。

（3）创新意识：能细致思考、仔细观察、多点发现，有创新。

2. 评分标准

为了准确客观地评定学生的实验成绩，设置五个等级标准：优秀、良好、中等、及格、不及格。90 ～ 100 分为优秀，80 ～ 89 分为良好，70 ～ 79 分为中等，60 ～ 69 分为及格，60 分以下为不及格。

开展时间	分值	要求	自评	师评
实验前	10	预习《地球概论》教材中的相关内容，熟悉地球的自转、公转		
实验中	70	1. 能够发现周日运动速度与手表指针速度之间直接的数学关系（20 分）； 2. 能够利用手表确定方向，并结合高中地理课本进行真题的演练与讲解（20 分）； 3. 实验过程中能够勤于思考、积极动手，完成各阶段的实验任务（30 分）		
实验后	20	1. 根据实验总结相关知识，撰写实验心得与实验报告，顺利完成题目的讲解（10 分）； 2. 能够形成科学观点和科学态度，树立正确的宇宙观、价值观（10 分）		

第四章学习资源

［1］福建师范大学慕课“地球概论”：https://www.icourse163.org/spoc/course/FJNU-1205805832? tid=1206099307

［2］福建师范大学公开课“日月地与人类”：http://open.163.com/special/cuvocw/riyuerenlei.html

［3］吴新华，李宏伟．浅谈科里奥利力的影响及应用［J］．河北北方学院学报（自然科学版），2008（1）：36-38.

［4］韩兴乾，喻梅琴．模拟经典实验　培育学生核心素养——自制“微型傅科摆”验证地球自转现象［J］．物理教师，2019，40（12）：43-45，49.

［5］董满超．Google Earth 辅助下的高中地理教学过程设计与实施——以“地球自转的地理意义”一节为例［J］．地理教学，2018（3）：16-19.

［6］丁荣，杨昕，张琦，等．资源整合辅助支架式教学探究——以“地球自转的地理意义”教学设计为例［J］．中学地理教学参考，2023（29）：45-50.

［7］杨阳，谢丽坤，刘桑，等．利用布拉维摆测量地球自转的实验研究［J］．大学物理，2017，36（11）：73-77.

［8］韩延本．利用古代天象记载研究地球自转长期变化的原理和方法［J］．北京师范大学学报（自然科学版），2001（1）：26-30.

［9］LAMBECK K. *The Earth's Variable Rotation*［M］. Cambridge: Cambridge University Press, 1980.

［10］张一，王璐，徐悠扬．高中学科融合“物理 +”——解析地理“地转偏向力”问题［J］．物理教师，2022，43（8）：64-67.

［11］董建勋，徐杰．高中地理学科中物理问题分阶段深度探究——以“地转偏向力”为例［J］．物理教师，2016，37（8）：56-58.

[12] 郭红锋. 观察北方天空恒星的视运动 [J]. 军事文摘，2017 (22)：48-51.
[13] 李鉴，刘忠毅. “手表定向”实践活动设计 [J]. 中学地理教学参考，2011 (6)：44-45.
[14] 杨印书. 对利用手表定向问题的探讨 [J]. 地理教学，2010 (12)：58-59，54.
[15] 张海，王海燕. 地理实验设计——观测实验 [J]. 地理教学，2018 (12)：33-38，7.
[16] 王建. 现代自然地理实习教程 [M]. 北京：高等教育出版社，2006.
[17] 余明. 地球概论 [M]. 北京：科学出版社，2010.

第五章
时间系统

第五章 时间系统

实验 15

赤道式日晷的制作与使用

一、实验目的

了解太阳视运动导致的日影变化，熟悉赤道式日晷的结构与装置形式。观察太阳下的影子变化，了解古代计时方法。

二、实验准备

纸张、立柱、晷针、晷盘、底座、量角器、定位软件等。

三、实验原理

赤道式日晷是古人利用太阳投影测时的科学装置，由晷针、晷盘和底座组成。晷盘与地球赤道平面平行，晷针与地轴平行，因晷盘和地球真正的赤道平面平行，所以叫赤道式日晷。晷盘分南北两面，晷面上刻有时间刻度、文字和图案，表示一天 24 小时和对应的十二时辰以及十二生肖，每个时辰为两个小时，前一个小时的起点为初，后一个小时的起点为正。夏半年（3 月 21 日—9 月 23 日），太阳在天赤道以北运行，晷针针影投影在晷盘北面；冬半年（9 月 23 日—次年 3 月 21 日），太阳在天赤道以南运行，晷针针影投影在晷盘南面。根据晷针日影落在晷盘上的位置可以读出当地的地方真太阳时，即我们看到的真实的太阳所反映的时间，再将地方真太阳时转换成北京时间（日晷时间 – 真平时差 + T = 北京时间，T 为本地与东经 120° 之间的经度差所造成的时间差）。

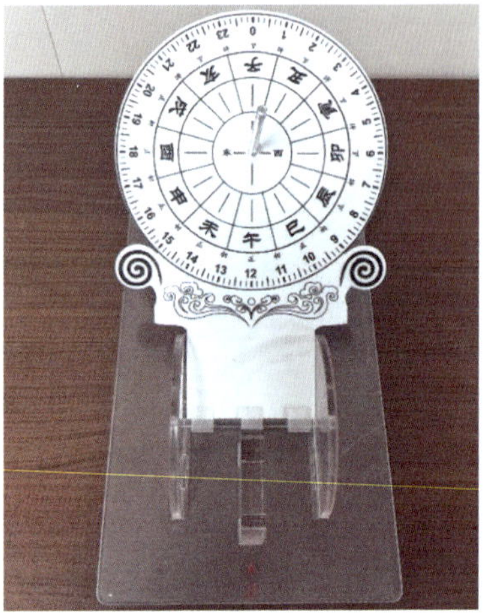

图 15-1　赤道式日晷

四、实验过程

（1）先在纸上画出晷面正面与背面的时刻（如图 15-2，15-3 所示）。

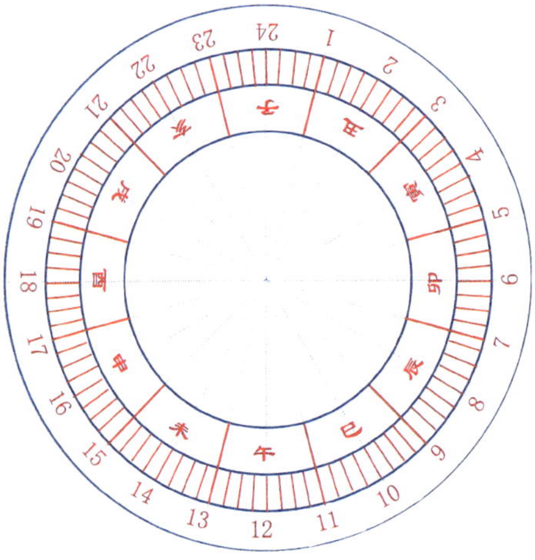

图 15-2　晷面正面

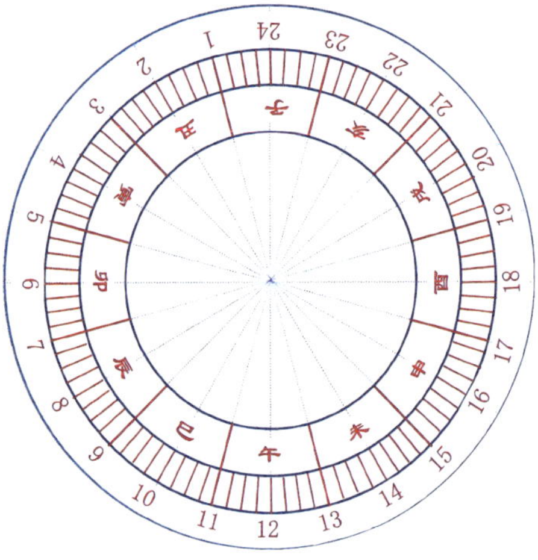

图 15-3　晷面背面

（2）用泡沫板或者硬质的卡纸制作晷盘，然后将画好的时刻图剪下来贴到晷面上。用竹签制作晷针，让晷针与晷面保持垂直。

（3）将日晷平放至地面，日晷底盘的中轴线指向正北（利用指北针进行调节）。手动将晷针与地平面的夹角调节为当地纬度，晷针指向北天极。由于晷盘与晷针垂直，则晷盘与地平面的夹角就是当地纬度的余角。

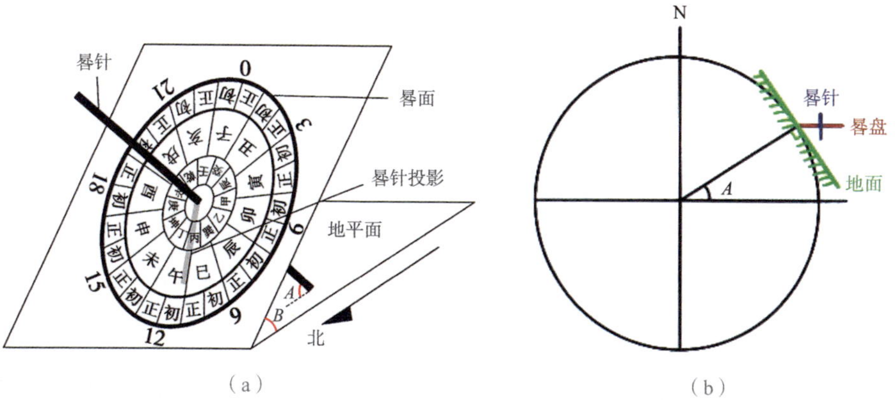

图 15-4　赤道式日晷使用原理示意图

（4）日晷测太阳高度：通过测算晷针和杆影的三角函数关系，测算太阳高度。

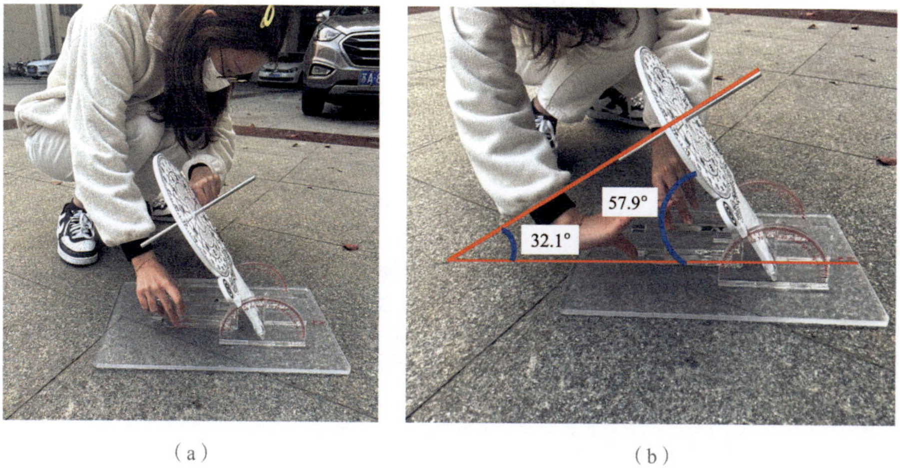

图 15-5　某同学在学校使用赤道式日晷的操作过程

注：按照当地纬度 32.1° 调整晷面与地平面之间的角度，摆放时保证晷盘与地平面的夹角为 57.9°。

五、实验评价

1. 评价维度

（1）实验表现：目的明确、态度端正，遵守实验室规章制度。

（2）实验任务：掌握相关技能，正确使用仪器，独立、认真、有效地完成各实验环节。

（3）创新意识：能细致思考、仔细观察、多点发现，有创新。

2. 评分标准

为了准确客观地评定学生的实验成绩，设置五个等级标准：优秀、良好、中等、及格、不及格。90～100分为优秀，80～89分为良好，70～79分为中等，60～69分为及格，60分以下为不及格。

开展时间	分值	要求	自评	师评
实验前	10	预习《地球概论》教材中的相关内容，熟悉地球运动的地理意义		
实验中	70	1. 理解日晷的多种应用（20分）； 2. 能够顺利完成简易赤道式日晷的制作（20分）； 3. 实验过程中能够勤于思考、积极动手，完成各阶段的实验任务（30分）		
实验后	20	1. 根据实验总结相关知识，撰写实验心得与实验报告，利用日晷测算当地地方时（10分）； 2. 能够形成科学观点和科学态度，树立正确的宇宙观、价值观（10分）		

实验 16

地平式日晷的制作与使用

一、实验目的

了解太阳视运动导致的日影变化，熟悉地平式日晷的结构与装置形式。观察太阳下的影子变化，了解古代计时方法。

二、实验准备

晷针、晷盘、底座、记号笔。

三、实验原理

和赤道式日晷相比，地平式日晷晷面是水平面，可以做得更大，晷针更长（或高），测时更精准，也可更好地显示节气、日期。

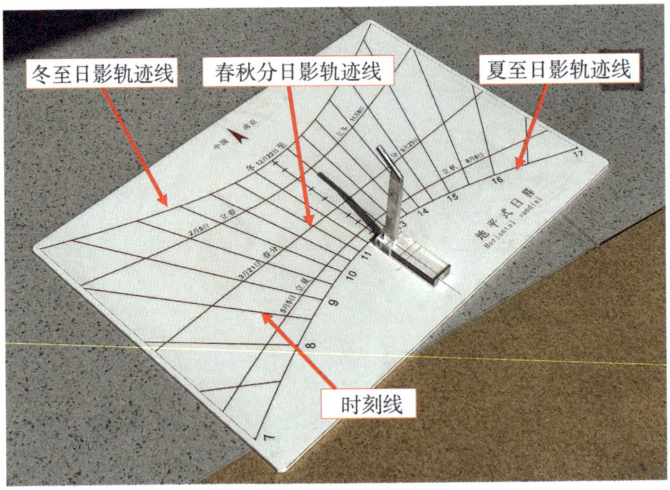

（a）

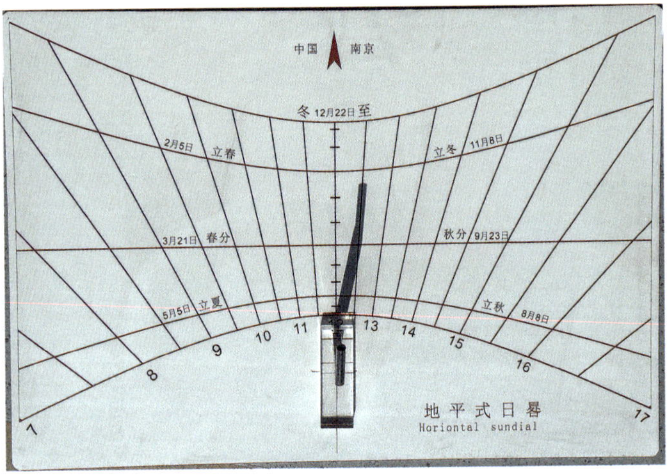

（b）

图 16-1　地平式日晷

赤道平面上相隔 15° 的经线投影到水平面上能够形成叫作小时的直线。

晷面上放射状时刻线绘制原理：设某一时间刻度与 12 点之间的夹角为 H'，太阳时角为 H，当地纬度角为 Φ，即 $\tan H'=\tan H\cdot\sin\Phi$。和赤道式日晷比起来，水平式日晷更方便画重要节气的日影轨迹线。还有另外一个计算公式，即计算整点和半点时刻影端点的坐标，然后把这些坐标点连接成

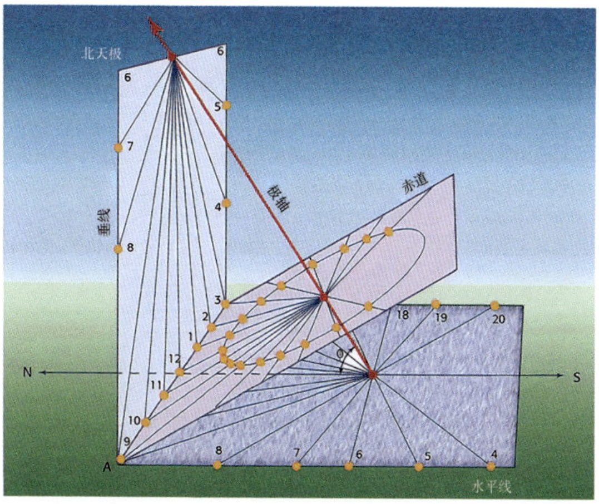

图 16-2　晷面放射状时刻线绘制原理示意图［图源：*Sundials: Design, Construction, and Use*（SAVOIE D, 2009），有改动］

网格线，那么节气日影轨迹线出来的同时，放射状时刻线也出来了，这样省去了前述计算放射状时刻线的角度的麻烦。公式的推导需要用到球面正弦定理和余弦定理，并需反复套用，最后简化才能推导出来，这里省略推导过程。

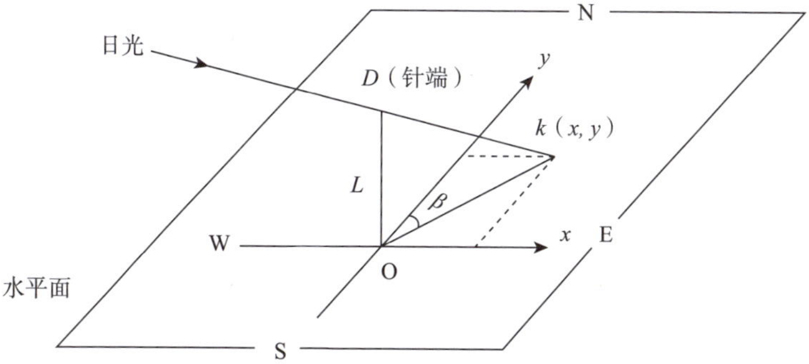

图 16-3　垂直晷针地面投影图

$$x = \frac{L \cdot \sin t}{\cos\varphi \cdot (\cos t + \tan\varphi \cdot \tan\delta)}$$

$$y = \frac{L \cdot (\cos t \cdot \tan\varphi \cdot \tan\delta)}{\cos t + \tan\varphi \cdot \tan\delta}$$

上两式中，L 为晷针长度，t 为时角，约定上午时角取负，下午时角取正，φ 为日晷安装地的纬度，δ 为不同日期的太阳赤纬。

日影轨迹除了春秋分是直线外，其他日子都是双曲线，还有一种方法可直接计算并绘制双曲线，单条双曲线的绘制公式如下：

$$y=\frac{-a\sin\varphi\cos\varphi+\sin\delta\sqrt{x^2(\cos^2\varphi-\sin^2\delta)+a^2\cos^2\delta}}{\sin^2\delta-\cos^2\varphi}$$

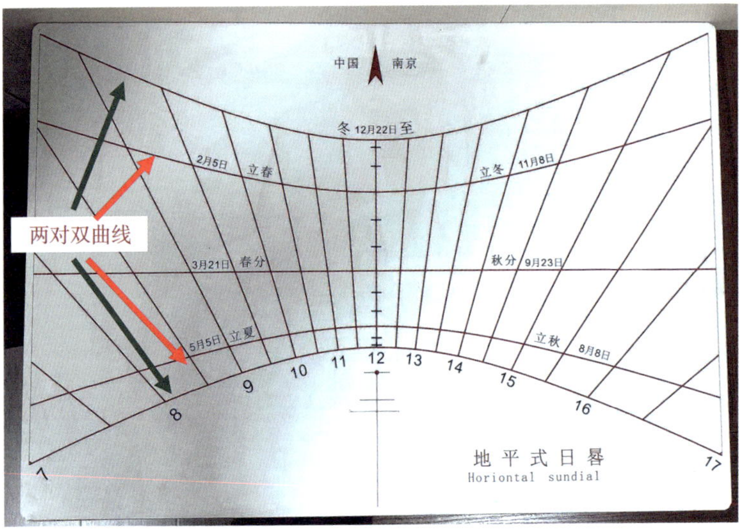

图 16-4　地平式日晷的两对双曲线

四、实验过程

（1）日晷安装：将地平式日晷放在平整的地平面上，指北针指向准确，将细指极棒顶端轴心垂直对准铅垂点，顶端细棒的仰角为当地纬度并指向北天极，以确保投影的准确性。

（2）角度调整：调整晷针与晷盘夹角，使得夹角为当地纬度。

（3）观察并计算：晷针在某时刻的投影与正午时刻的投影会产生一定夹角，通过计算算出刻度线与正午投影夹角的角度值。观察太阳的影子时，注意光线的方向和长度的变化，根据影子的指向对应的时刻线及不同节气轨迹线判断测量时刻的日期与真太阳时。

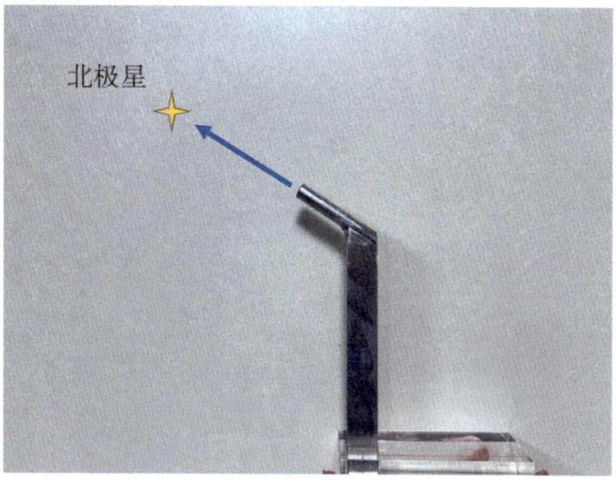

图 16-5　顶端细棒指向北极星

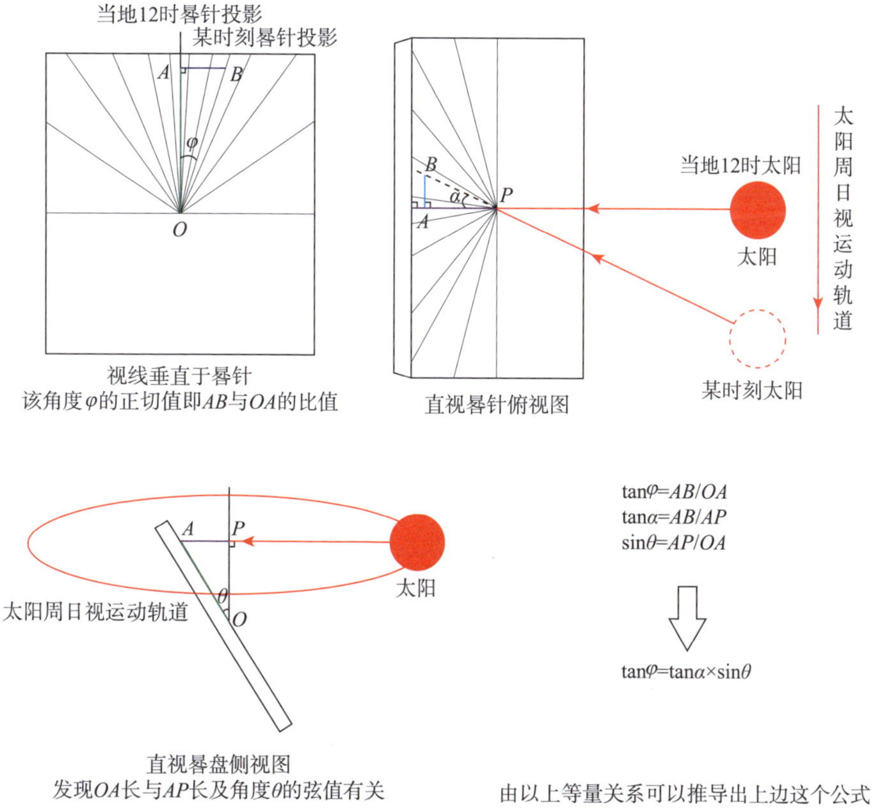

图 16-6　晷针某时刻投影与正午时刻投影夹角的计算原理

五、实验评价

1. 评价维度

（1）实验表现：目的明确、态度端正，遵守实验室规章制度。

（2）实验任务：掌握相关技能，正确使用仪器，独立、认真、有效地完成各实验环节。

（3）创新意识：能细致思考、仔细观察、多点发现，有创新。

2. 评分标准

为了准确客观地评定学生的实验成绩，设置五个等级标准：优秀、良好、中等、及格、不及格。90～100分为优秀，80～89分为良好，70～79分为中等，60～69分为及格，60分以下为不及格。

开展时间	分值	要求	自评	师评
实验前	10	预习《地球概论》教材中的相关内容，熟悉地球运动的地理意义		
实验中	70	1. 理解日晷的多种应用（20分）； 2. 能够顺利完成简易地平式日晷的安装，理解其工作原理（20分）； 3. 实验过程中能够勤于思考、积极动手，完成各阶段的实验任务（30分）		
实验后	20	1. 根据实验总结相关知识，撰写实验心得与实验报告，利用日晷测算当地地方时（10分）； 2. 能够形成科学观点和科学态度，树立正确的宇宙观、价值观（10分）		

实验 17

人体日晷的制作与使用

一、实验目的

了解太阳视运动导致的日影变化，熟悉人体日晷的结构与使用。观察太阳下的影子变化，了解古代计时方法。

二、实验准备

实验人员或代替人体的棍子、晷盘、底座。

三、实验原理

不同的日子人站在不同的位置，人影的指向对应的时刻就是当地的地方真太阳时。将当地赤道式日晷盘面上的时刻点垂直投影到地面就构成了椭圆弧。人体日晷投影了24个整点和24个半点时刻点，所以构成了一个完整的椭圆。

椭圆画好后就得计算人在节气轴上站立点距离春分点（椭圆中心）的距离，我们称之为“截距”（OD）。a 是赤道式晷盘的半径，δ 为当地当天的赤纬。晷针上总存在一点 K，K 点全天都投影在赤道式晷盘时刻点上，再将

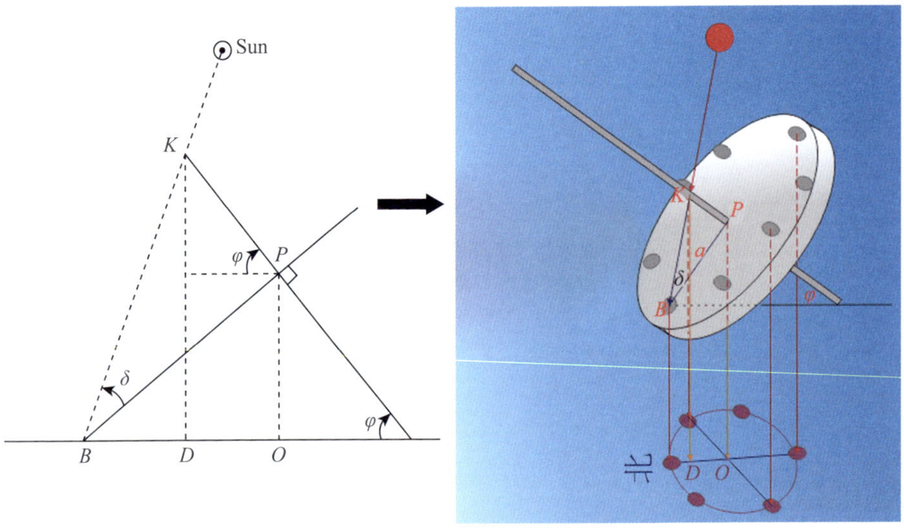

（a）　　（b）

图 17-1　人体日晷原理示意图（刘华新绘制）

此点垂直投影到人体日晷南北轴线上，投影点即为人站立的位置。春分之后人站在春分点北侧，秋分之后人站在秋分点南侧。每天的 δ 不同，这个可在天文年历或天文软件上查。

图 17-1 中数据满足以下数学公式：

$$OD=a\cos\varphi\tan\delta$$

赤道式日晷日影指向 10 时，站在 D 点的人影也指向 10 时。人体日晷

图 17-2　人体太阳钟（刘华新拍摄）

只关注人影的指向，不关注人体高矮。人有高矮胖瘦，测时准确性各不相同，总体来说苗条的人测量更准确。

人体日晷在夏季使用效果并不好，因为在夏季人影指向的方位角变化小，影响了区分度。效果好的时期是冬半年。

四、实验过程

（1）摆放晷盘，使其指向正北方向。

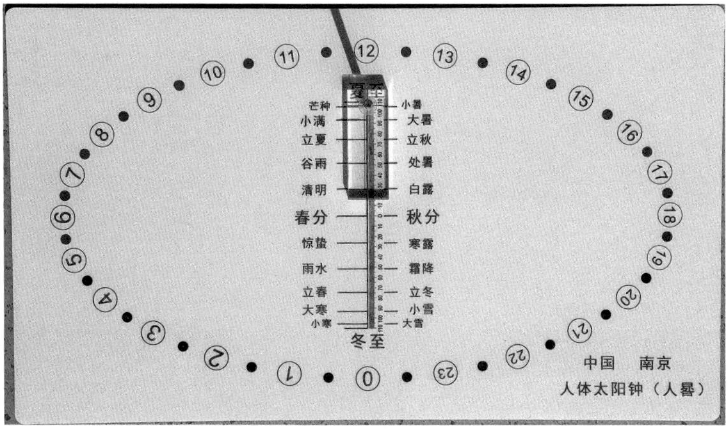

图 17-3 本实验使用的人体太阳钟

（2）根据实验日期计算晷针的摆放位置，不同日期不同节气日人体站立点的位置 B 的计算公式为：

$$B=\frac{b}{2(1+\tan \Delta/\tan \delta)}$$

式中 b 是人体站立点分布区的南北长度，人体太阳钟出厂时就已确定；δ 为夏至日太阳赤纬，为定值 23.439 3°；Δ 是不同节气日的太阳赤纬，其变化范围为 −23.439 3° 至 23.439 3°；B 是不同节气日人体站立点距离原点 O 的距离。可以看出人体站立点的位置分布规律只与夏至日太阳赤纬和各节气日的太阳赤纬有关，而与纬度没有关系。在实验所用的晷盘上也已经标注了各节气人体站立的位置。

（3）观察并记录：记录影子所指方向与实验时的北京时间。

（4）数据分析：读数地方真太阳时，将其换算成北京时间，与实际测量时间比较，分析误差形成原因。

（5）赤道式日晷和人体日晷的组合使用：调整赤道式日晷和人体日晷的角度，使两晷所指时间一致，此时晷盘的中轴线就自然指向北方，不需要等到中午就可确定方向。两者可以组成一个罗盘。

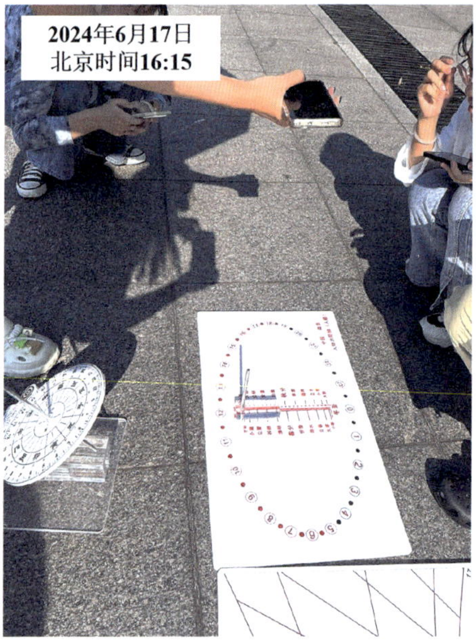

图 17-4　某同学使用人体日晷的操作过程

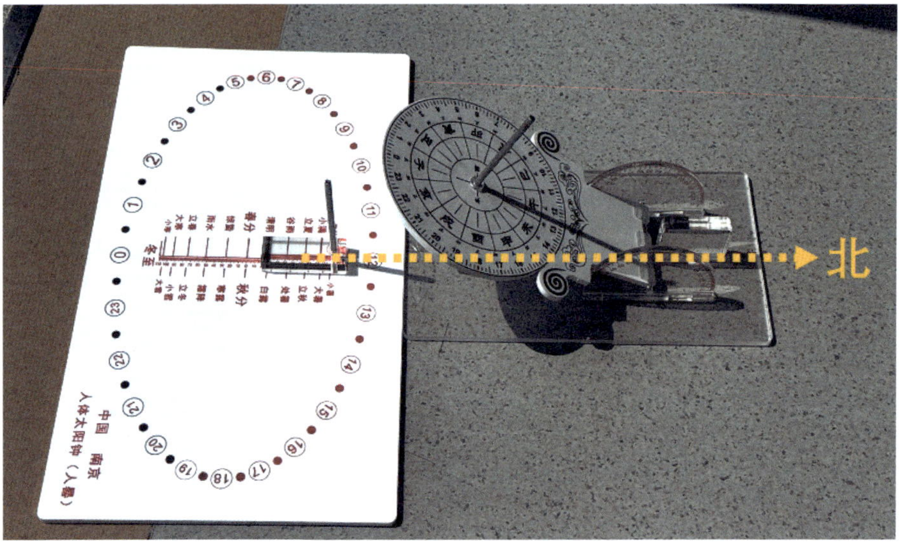

图 17-5　赤道式日晷和人体日晷的组合使用

五、实验评价

1. 评价维度

（1）实验表现：目的明确、态度端正，遵守实验室规章制度。

（2）实验任务：掌握相关技能，正确使用仪器，独立、认真、有效地完成各实验环节。

（3）创新意识：能细致思考、仔细观察、多点发现，有创新。

2. 评分标准

为了准确客观地评定学生的实验成绩，设置五个等级标准：优秀、良好、中等、及格、不及格。90 ～ 100 分为优秀，80 ～ 89 分为良好，70 ～ 79 分为中等，60 ～ 69 分为及格，60 分以下为不及格。

开展时间	分值	要求	自评	师评
实验前	10	预习《地球概论》教材中的相关内容，熟悉地球运动的地理意义		
实验中	70	1. 理解日晷的多种应用（20 分）； 2. 能够顺利完成简易人体式日晷的安装，理解其工作原理（20 分）； 3. 实验过程中能够勤于思考、积极动手，完成各阶段的实验任务（30 分）		
实验后	20	1. 根据实验总结相关知识，撰写实验心得与实验报告，利用日晷测算当地地方时（10 分）； 2. 能够形成科学观点和科学态度，树立正确的宇宙观、价值观（10 分）		

实验 18

太阳高度的测定

一、实验目的

通过实际观测，正确掌握太阳高度的概念[①]，学会用简单仪器测定天体高度的方法，理解太阳高度的季节变化。

二、实验准备

测杆、测绳、量角器、简易高度计。

三、实验原理

太阳高度（地平坐标系）的变化导致影长的变化。

四、实验过程

（1）测定正午太阳高度：直立于地面的测杆，其影长在一天里是变化的，只有到了当地正午12时的时候，影长最短。记录下影长最短时刻的长

① 伍光和等编著的《自然地理学（第四版）》（高等教育出版社2008年版）中指出："在任何地点，太阳在天空的位置都以当地正午时为最高。太阳光线与地平面的夹角称为太阳高度角。"

度 a，就可利用三角关系求得正午太阳高度角：$\tan h = b/a$。

（2）观测一天内太阳的高度与杆影的长度和方位的变化。

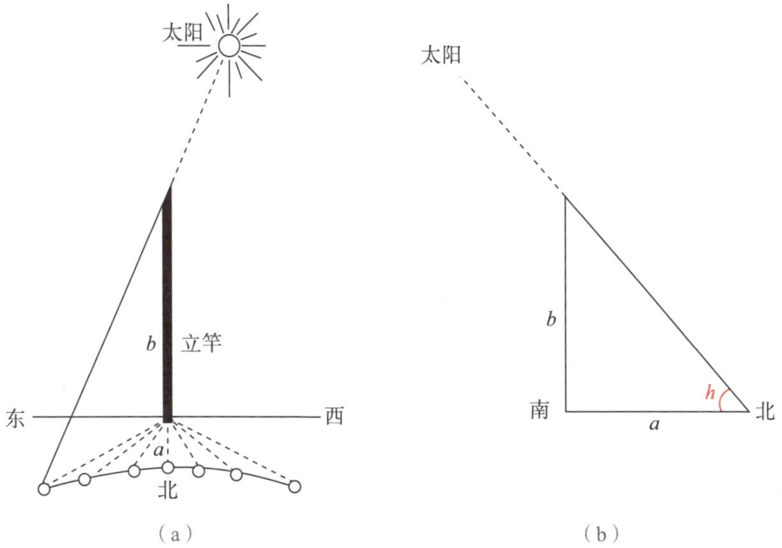

图 18-1 日影杆法测太阳高度原理图

实验记录

五、实验评价

1. 评价维度

（1）实验表现：目的明确、态度端正，遵守实验室规章制度。

（2）实验任务：掌握相关技能，正确使用仪器，独立、认真、有效地完成各实验环节。

（3）创新意识：能细致思考、仔细观察、多点发现，有创新。

2. 评分标准

为了准确客观地评定学生的实验成绩，设置五个等级标准：优秀、良好、中等、及格、不及格。90 ～ 100 分为优秀，80 ～ 89 分为良好，70 ～ 79 分为中等，60 ～ 69 分为及格，60 分以下为不及格。

开展时间	分值	要求	自评	师评
实验前	10	预习《地球概论》教材中的相关内容，熟悉地球运动的地理意义		
实验中	70	1. 能够自主设计、完成实验（20 分）； 2. 能够理解实验背后的原理（20 分）； 3. 实验过程中能够勤于思考、积极动手，完成各阶段的实验任务（30 分）		
实验后	20	1. 根据实验总结相关知识，撰写实验心得与实验报告（10 分）； 2. 能够形成科学观点和科学态度，树立正确的宇宙观、价值观（10 分）		

第五章学习资源

［1］福建师范大学慕课“地球概论”：https://www.icourse163.org/spoc/course/FJNU-1205805832?tid=1206099307

［2］郭翌彤，谢学雯，潘文彬 . 基于地理实践力培养的高中天文研学旅行课程设计［J］. 中学地理教学参考，2022（6）：83-86.

［3］李勇 . 观天授时——中国古代的天文学［M］. 昆明：云南大学出版社，2021.

［4］吴守贤，全和钧 . 中国古代天体测量学及天文仪器［M］. 北京：中国科学技术出版社，2008.

［5］李文，赵永超 . 地球椭球模型中太阳位置计算的改进［J］. 中国科学院大学学报，2019，36（3）：363-375.

［6］晏路明 . 全球不同纬度的太阳周日视运动规律解析［J］. 福建师范大学学报（自然科学版），2014，30（5）：117-124.

［7］杨文继 . 日晷仪的革新——多功能日晷仪［J］. 中学地理教学参考，1996（9）：43-44.

［8］王建 . 现代自然地理实习教程［M］. 北京：高等教育出版社，2006.

［9］余明 . 地球概论［M］. 北京：科学出版社，2010.

第六章
天象系统

实验 19：月相成因演示

实验 20：月相变化观察记录

实验 21：日食和月食的观测

实验 22：海洋天文潮汐观测

实验 23：桥孔望月实验

第六章 天象系统

实验19 月相成因演示

一、实验目的

学会使用三球仪教具，理解月相成因。

二、实验准备

三球仪教具、记录本、笔。

三、实验原理

月球本身不发光，在太阳光照射下，向着太阳的半个球面是亮区，另半个球面是暗区。随着月球相对于地球和太阳的位置变化，它被太阳照亮的一面有时对向地球，有时背向地球；有时对向地球的部分大，有时小，这样就出现了不同的月相。①

① 伍光和等编著的《自然地理学（第四版）》(高等教育出版社2008年版）中指出："月球既有公转和自转，同时又跟随地球绕太阳运动，因而，月球既可位于日地之间，也可位于日地距离外侧。由此，其明亮部分在人类看来就有周期性盈亏圆缺之别，即有不同的月相。"

图 19-1　三球仪教具

四、实验过程

（1）拨动三球仪，观察、记录新月（朔月）、蛾眉月、上弦月、凸月、满月（望月）、下弦月这几种月相出现时的形状特点，以及此时日、月、地三者的位置关系及农历时间。

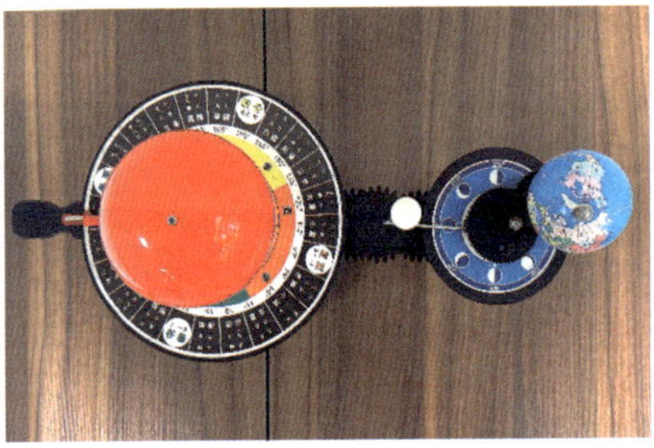

图 19-2　新月时日、月、地位置关系

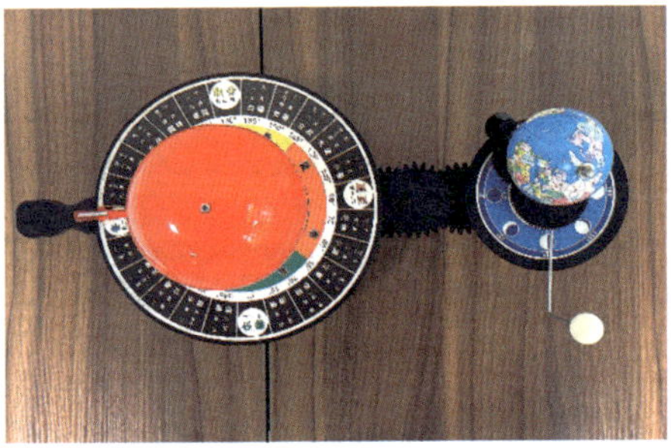

图 19-3　上弦月时日、月、地位置关系

图 19-4　满月时日、月、地位置关系

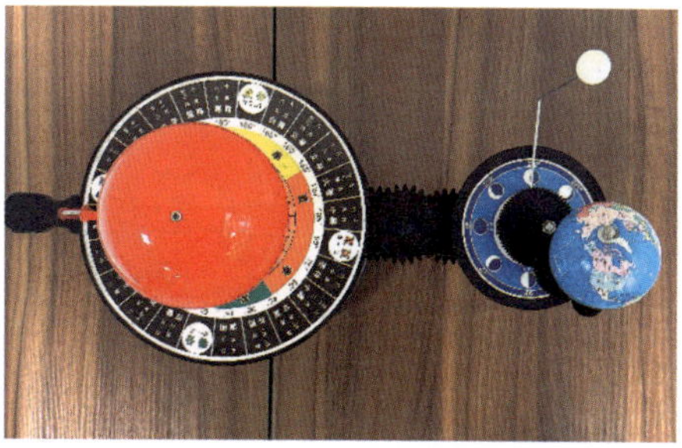

图 19-5　下弦月时日、月、地位置关系

（2）拨弄、观察三球仪，填写下表：

新月月相	日月地位置	农历时间	蛾眉月月相	日月地位置	农历时间
上弦月月相	日月地位置	农历时间	盈凸月月相	日月地位置	农历时间
满月月相	日月地位置	农历时间	亏凸月月相	日月地位置	农历时间
下弦月月相	日月地位置	农历时间	残月月相	日月地位置	农历时间

五、实验评价

1. 评价维度

（1）实验表现：目的明确、态度端正，遵守实验室规章制度。

（2）实验任务：掌握相关技能，正确使用仪器，独立、认真、有效地完成各实验环节。

（3）创新意识：能细致思考、仔细观察、多点发现，有创新。

2. 评分标准

为了准确客观地评定学生的实验成绩，设置五个等级标准：优秀、良好、中等、及格、不及格。90～100分为优秀，80～89分为良好，70～79分为中等，60～69分为及格，60分以下为不及格。

开展时间	分值	要求	自评	师评
实验前	10	预习《地球概论》教材中的相关内容，熟悉月相的变化		
实验中	70	1. 通过三球仪实验，理解月相的成因（20分）； 2. 能够使用三球仪展示不同月相出现时日、月、地三者的位置关系（20分）； 3. 实验过程中能够勤于思考、积极动手、善于小组合作，完成各阶段的实验任务（30分）		
实验后	20	1. 根据实验总结相关知识，撰写实验心得与实验报告（10分）； 2. 能够形成科学观点和科学态度，树立正确的宇宙观、价值观（10分）		

实验 20

月相变化观察记录

一、实验目的

观察、记录现实生活中的月相变化。

二、实验准备

表格、望远镜、相机。

三、实验原理

月球在其椭圆轨道上围绕地球旋转，同时地球又携带着月球一起绕太阳公转，这三者之间的相对位置关系不断发生变化。这一动态的天文现象导致了月球被太阳照亮的部分（即亮区）与地球观察者之间的视角也随之改变。具体来说，当月球绕行至其轨道上某些特定位置时，其亮区会恰好面向地球，此时我们能看到满月；而当月球运行至其他位置，亮区部分对准地球时，则会出现上弦月、下弦月等不同的月相；若亮区几乎完全背对地球，则出现新月，此时月球几乎不可见。

四、实验过程

观察并列表记录一个月的月相变化。建议记录的信息包括：日期（公历、农历）、时间、天气、月相（绘图 / 照片）、地平高度等。

观测一个月的月相变化，填写下表：

时间	农历日期	月相	实际月出时间	天气	月出位置	地平高度	目视效果图

五、实验评价

1. 评价维度

（1）实验表现：目的明确、态度端正，遵守实验室规章制度。

（2）实验任务：掌握相关技能，正确使用仪器，独立、认真、有效地完成各实验环节。

（3）创新意识：能细致思考、仔细观察、多点发现，有创新。

2. 评分标准

为了准确客观地评定学生的实验成绩，设置五个等级标准：优秀、良好、中等、及格、不及格。90 ～ 100 分为优秀，80 ～ 89 分为良好，70 ～ 79 分为中等，60 ～ 69 分为及格，60 分以下为不及格。

开展时间	分值	要求	自评	师评
实验前	10	预习《地球概论》教材中的相关内容，熟悉月相的变化		
实验中	70	1. 能够合理安排月相观测时间，完成为期一个月的月相观测任务（20 分）； 2. 能够绘制不同的月相简图，并熟悉当时的日月地位置关系（20 分）； 3. 实验过程中能够坚持不懈、勤于思考、积极动手、吃苦耐劳，完成各阶段的实验任务（30 分）		
实验后	20	1. 根据实验总结相关知识，撰写实验心得与实验报告，保质完成月相记录表（10 分）； 2. 能够形成科学观点和科学态度，树立正确的宇宙观、价值观（10 分）		

实验 21

日食和月食的观测

一、实验目的

通过观测，深化对日食和月食原理的认识，掌握观测日食和月食的简易方法和技能。

二、实验准备

天文望远镜（或准备一盆染有墨色的水，或准备一块熏黑的玻璃板，或准备几张照相底片），日食和月食观测纸若干张以及铅笔等。

日食和月食观测纸的规格要求如下：在每张 32 开白纸上画（或印）出半径为 5 cm 的圆，表示日面或月面轮廓。每个圆外都标注出太阳（或月球）的北点（用 0° 代表）。从 0° 开始，以 30° 为间隔，按逆时针方向划分和标出每个圆周的度数。

三、实验原理

日、月食是很重要的天象。日、月食的发生是由于日和月同时位于黄白交点或交点附近，使日、月、地产生相互遮掩的现象。日食发生在太阳、月球和地球几乎处于同一直线时，月球挡住了太阳射向地球的光线，从而在地球上形成阴影区域。月食发生在月球运行至地球的阴影部分时，地球挡住了太阳射向月球的光线，使得月球在夜空中变得暗淡。虽然每年发生日食的次数比月食多，但由于日食带非常狭窄，看到日食的机会反而比月食少，看到日全食和日环食的机会更少。

日、月食的发生，要求日月相合（或相冲）于黄白交点或其附近。这个“附近”有一定的限度，它就是食限。就日食而言，在这个限度上，位于白道上的月轮与黄道上的日轮靠近到相互外切，二者中心的角距，就是它们的视半径之和，即约 32′。这时，从日轮中心到黄白交点的那段黄道弧长，就叫日食限。我们知道，太阳沿黄道运行，它的位置用黄经表示；以日轮中心与黄白交点的黄经差来表示日食限，便直接同太阳经历的时间长短相联系。若以日月相冲代替日月相合，并以地球本影截面取代日轮，那么，这样的限度便是月食限。

食限的大小，决定于黄白交角的大小、月地距离和日地距离的远近。这些因素都是在变化着的：黄白交角于 4°59′ ～ 5°18′ 变动，月地距离变动于 3.633×10^5 km（近地点）与 4.055×10^5 km（远地点）之间，日地距离变动于 1.471×10^8 km（近日点）与 1.521×10^8 km（远日点）之间。因此，日食限和月食限的大小也是在变化着的。这里，我们无法说明它们的具体大小，只能说明它们的一般变化规律：黄白交角愈大，日食限和月食限便愈小；月地距离愈大，月轮的视半径愈小，日食限和月食限也愈小；日地距离愈大，则日轮的视半径愈小，日食限也愈小，但地影截面的视半径却增大，因而月食限也变大。

由此可知，当黄白交角、月地距离和日地距离都最大时，日食限最小；反之，当三者都最小时，日食限最大。月食限的情形有所不同：当黄白交角、月地距离最大而日地距离最小时，月食限最小；反之，当黄白交角和月地距离最小而日地距离最大时，月食限最大。

当日轮中心与黄白交点的黄经差值小于最小食限时，必然发生日（月）食；大于最小食限而小于最大食限时，可能发生日（月）食；大于最大食限时，则必然无食。

四、实验过程

1. 对日食观测和记录

（1）用天文望远镜观测。

① 观测前，准备好相关材料，给小组成员分配工作，合作完成观测活动。

② 在望远镜的目镜一端安装上投影板，调好焦距，使投影板上出现清晰的太阳像。这样，当日食发生时，即可在投影板上观测其全过程。千万不要用眼睛直接通过望远镜看太阳，以免把眼睛灼伤。若没有投影板，也可事先将几张相机底片剪成合适的形状，安装在望远镜的物镜前面（注意安装牢固），日食发生时，即可通过该望远镜进行观测。

③ 在初亏发生之前，在钟表指向某整分 00 秒时，计时者开启秒表；观测者戴好黑色眼镜（避免观测纸反射的阳光刺激眼睛），密切注意初亏的大致方位。当初亏到来时，观测者呼“到”，并在太阳像上标记出初亏的方位；计时者闻声关闭秒表，并记录时间（平时钟该整分时刻 + 秒表走时 + 钟差）。

④ 观测倍利珠现象来决定食既（日全食开始）和生光（日全食结束）的瞬间。在食既和生光到来的瞬间，太阳光线通过月球边缘的山谷射来，形成许多特别明亮的光线和光点，好像在太阳周围镶嵌着一串珍珠似的，这就是倍利珠现象。食既瞬间，倍利珠一般出现在太阳的东边缘；生光瞬间，它一般出现在太阳的西边缘。在食既和生光到来之前的整时整分 00 秒，

计时者开启秒表；观测者密切注意，当倍利珠现象出现时呼“到”，并记下它的方位和珠数；计时者闻声关闭秒表，并记录时间。

⑤ 观测复圆时的方位和时刻，方法同上。

⑥ 从初亏开始每隔 10 ～ 15 分钟描绘一食相图（食甚时食相图必须包括在内）。所有食相图都应记录对应的时刻。

⑦ 在描绘日全食食相的同时，要记录气温、气压、温度、风力和风向、云状和云量等气象要素，并观察生物的异常反应。

⑧ 观测色球层和日珥。日全食时，可以看到在暗黑月轮周围有一圈窄窄的亮环，为色球层。在其上还可出现从太阳边缘喷发出的火红气流，为日珥。日珥的形状千变万化，要尽快数一下有几个日珥，并把它们的位置、形状、大小和颜色一一记录下来。

⑨ 观测日冕。日冕是太阳大气的最外层，日全食时是观测的极好时机。日冕半径可达几个太阳半径。观测前在白纸上画一个半径 2 ～ 3 cm 的圆代表日面，画这个半径的 2 倍、3 倍、4 倍的同心圆，并以圆心为原点作直角坐标轴把同心圆分为四个象限供作图用。日冕的形状与太阳活动有关，在太阳活动极大年份近于圆形，在太阳活动极小年份呈扁圆形。但在一次日全食过程中，日冕的形状基本保持不变。因此可以仔细观察，按不同颜色认真作图。

（2）用简易方法观测。

若无望远镜，可以用以下简易方法观测日食：从装满墨色水的脸盆里看太阳倒影，观测日食过程；隔着黑玻璃板看太阳，观测日食过程；将几张相机底片重叠起来，隔着这些底片观测日食，底片的数量可根据太阳光强弱随时增减；戴上特制的遮光眼镜（可以自制）观测日食；利用硬纸板小孔成像观测日食。

（3）利用 Seestar 望远镜追踪拍摄各阶段日食过程。

（4）记录日食过程。

日食发生前，一般都有关于该次日食的时刻、方位和过程预报。在预报的初亏时刻到来之前，即应注视预报的初亏方位。当出现初亏时，要立刻记下初亏发生的时刻，并在日食观测纸上记下初亏发生点（与日、月圆面相外切的切点）的方位。以后，每隔 10 分钟在日食观测纸上记录一次日、月圆面相割的两个交点方位，画一张食相图，并记下观测时刻。注重观察初亏、食既、食甚、生光、复圆这五个食相。如此，直至最后观测、记录完复圆时刻和复圆点（日、月圆面相外切的切点）方位为止。

观测记录

2. 对月食观测和记录

对月食可以直接用肉眼或直接通过望远镜进行观测，因此比观测日食简单得多。对月食过程的观测记录、食相图的画法，与日食观测相同。

月食发生时，月面颜色有时暗一些，有时亮一些，这与当时太阳的活动有关，也同当时地球的大气状况有关。在观测月食时，要判断出当时的月面颜色级别加以记录，并记录下当时的天气状况。月食时月面亮度和颜色的级别划分如下：

0 级——月面很黑，几乎看不到。

1 级——月面细节难以区分，呈黑黄色。

2 级——月面微亮，呈黑红色或棕黄色。

3 级——能看到月面细节，但很模糊，呈砖红色。

4 级——月面较亮，可以看到大的月面细节，呈铜红色。

观测记录

五、实验评价

1. 评价维度

（1）实验表现：目的明确、态度端正，遵守实验室规章制度。

（2）实验任务：掌握相关技能，正确使用仪器，独立、认真、有效地完成各实验环节。

（3）创新意识：能细致思考、仔细观察、多点发现，有创新。

2. 评分标准

为了准确客观地评定学生的实验成绩，设置五个等级标准：优秀、良好、中等、及格、不及格。90 ～ 100 分为优秀，80 ～ 89 分为良好，70 ～ 79 分为中等，60 ～ 69 分为及格，60 分以下为不及格。

开展时间	分值	要求	自评	师评
实验前	10	预习《地球概论》教材中的相关内容，熟悉地球和月球的相关知识		
实验中	70	1. 能够利用望远镜科学、安全地进行观测（20 分）； 2. 能够理解日食、月食发生的原理（20 分）； 3. 实验过程中能够勤于思考、积极动手，完成各阶段的实验任务（30 分）		
实验后	20	1. 根据实验总结相关知识，撰写实验心得与实验报告（10 分）； 2. 能够形成科学观点和科学态度，树立正确的宇宙观、价值观（10 分）		

实验 22

海洋天文潮汐观测

一、实验目的

通过海港潮汐表，了解引潮力作用，解释高潮、低潮来临时刻逐日推迟的原因；了解潮汐的规律性对环境的影响。

二、实验准备

潮汐表、电子水尺、记录本。

三、实验原理

地球的主要引潮天体有二：月球和太阳。在太阳系中，前者距地球最近，后者的质量最大。由月球引起的潮汐，叫太阴潮；由太阳引起的潮汐，叫太阳潮。由于不同天体的引潮力大小取决于引潮天体的质量和距离，因此太阴潮是太阳潮的两倍多，或者说太阳潮不及太阴潮的一半。

两个潮汐隆起存在于地面上，却受天上月球的曳引而随之移动。或者说，地球向东自转，而潮汐隆起却始终滞留在月垂点上。从一个特定地点看来，随着月球的周日运行，海洋便周期性地发生潮汐涨落。

潮汐的基本周期有二：

（1）每太阴日两次高潮和低潮。太阴潮是海洋潮汐的主体，因此，潮汐的周期性，首先是月垂点向西运动的周期性。月垂点向西运动的主要原因是地球的向东自转，其次是月球本身的向东公转。前者使月垂点每太阴日向西移动 360°，后者使月垂点每太阳日向东移动 13°10′。两者联合的结果，使月垂点和它周围的潮汐隆起，以太阴日为周期，在地球上的中低纬度带自东向西运行。这两个潮汐隆起向哪里接近，哪里就涨潮；从哪里离开，哪里就落潮。同理，它们到哪里，哪里就是高潮；它们离哪里最远，哪里便是低潮。这样，在同一地点，一个太阴日内，就有两次涨潮和落潮，两次高潮和低潮。太阴日长度为 24 时 50 分，因此，相应的高潮和低潮到来的时刻，逐日推迟约 50 分钟。

（2）每朔望月两次大潮和小潮。太阳潮和太阴潮同时存在，地球上的潮汐现象是二者合成的结果。由于地球的自转和公转，太阳垂点以太阳日为周期，在地球上南北回归线之间的地带向西运行。但太阳潮远不及太阴潮，其作用主要表现在对太阴潮的干扰。由于太阳日和太阴日是两个不等的周期，这种干扰与月球和太阳的会合运动有关，因而以朔望月为周期。每逢朔望（旧历初一和月半），月球、太阳和地球成一直线，月球和太阳的垂点最接近，因而太阳潮最大程度地加强了太阴潮，从而形成一月中特大的太阴、太阳合成潮。这时，高潮特别高，低潮特别低，潮差最大，称为大潮。民谚有“初一月半看大潮”。大潮发生在朔望，因此又叫朔望潮。反之，每逢上下弦（旧历初八、廿三），月球、地球和太阳三者形成直角，月球和太阳的垂点相距最远（90°），以至太阳潮最大程度地牵制和削弱太阴潮，从而形成一月中最低的高潮和最高的低潮，潮差最小，叫作小潮。民谚有“初八二十三，到处见海滩”。小潮发生在每月的上下弦，故又称方照潮。

根据海洋潮汐的基本周期，可推算和预告高潮的约略时刻和大潮的约略日期，特别是大潮期间的高潮时刻。

四、实验过程

（1）观察潮汐表数据，思考下列问题：①潮汐的周期；②逐日高潮、低潮来临时刻为什么推迟？逐日推迟多久？③为什么逢朔望发生大潮，逢上下弦发生小潮？

潮汐的周期：
逐日高潮、低潮来临时刻为什么推迟：
逐日推迟多久：
为什么逢朔望发生大潮，逢上下弦发生小潮：

（2）实地观察，选择潮汐变化较为明显的海滩（如南通市天生港边海滩），安装电子水尺，每隔 2 小时记录海水的水位变化和周围的环境变化。

观测记录

（3）观察潮汐的周期性变化对海洋生物的影响，例如何时觅取水分、繁殖、觅食等。

观测记录

五、实验评价

1. 评价维度

（1）实验表现：目的明确、态度端正，遵守实验室规章制度。

（2）实验任务：掌握相关技能，正确使用仪器，独立、认真、有效地完成各实验环节。

（3）创新意识：能细致思考、仔细观察、多点发现，有创新。

2. 评分标准

为了准确客观地评定学生的实验成绩，设置五个等级标准：优秀、良好、中等、及格、不及格。90 ～ 100 分为优秀，80 ～ 89 分为良好，70 ～ 79 分为中等，60 ～ 69 分为及格，60 分以下为不及格。

开展时间	分值	要求	自评	师评
实验前	10	预习《地球概论》教材中的相关内容，熟悉地球和月球的相关知识		
实验中	70	1. 能够制定合理的观测方案，科学、安全地进行观测（20 分）； 2. 能够理解海洋潮汐发生的原理，发现潮汐对于周围地理环境的影响（20 分）； 3. 实验过程中能够勤于思考、积极动手，完成各阶段的实验任务（30 分）		
实验后	20	1. 根据实验总结相关知识，撰写实验心得与实验报告（10 分）； 2. 能够形成科学观点和科学态度，树立正确的宇宙观、价值观（10 分）		

实验 23

桥孔望月实验

一、实验目的

通过设计桥孔的高度和大小，理解月亮倒影的原理，感受“二十四桥明月夜”的科学与美学。

二、实验准备

量角器、尺。

三、实验原理

在特定时间，月亮会升起并穿过天空。当月亮处于合适的高度角时，它的光线会沿着一条直线射入地面上的物体，比如桥洞。桥洞的位置决定了月亮光线的投射角度和方向。

图 23-1 扬州瘦西湖二十四桥（陈含月摄）

四、实验过程

（1）选择观测地点：比如选取北纬 32.4° 的城市——扬州。

（2）确定观测时间：为了简化计算，我们假设观测时间是晚上 0 点。

（3）确定月亮的高度角：根据当天的天文数据或天文软件，计算得知在晚上 0 点时，月亮的高度角为 40°，即月亮相对于地平线的高度角为 40°。

（4）确定月亮的方位：假设当天为八月十五，满月在晚 0 点时移动到正南方。

（5）选择合适的桥梁和孔洞：在扬州选择一座跨越湖泊或河流的桥梁（如瘦西湖五亭桥），若观测时月亮位于正南方，此时我们所要找的桥必须是东西走向，这样月光才能穿过桥孔，孔洞的大小和位置也要根据此时月亮的视直径进行测量和估算，以便让月亮的光线能够穿过桥洞并倒映在水中。从观测点望去应满足以下条件：① 桥孔的视高度角大于月亮高度角（月球—观测者连线与地平面的夹角）；② 桥孔的视宽度角大于月球视直径（约 0.5°）。

（6）根据上述过程，进行观测。

① 实测数据：桥孔高约 3 m，跨度约 5 m。假设观测距离约 20 m。

② 理论验证：设桥孔的视高度角为 $\angle A$，视宽度角为 $\angle B$，已知满月时月亮高度角约为 40°。根据三角函数可推测此时视宽度角约为 7.25°，远大于月亮视直径，月亮光线能完整穿过桥洞。

月亮高度角为 40°，$\tan 40° \approx 0.84$，而 $\tan \angle A = 3/20 = 0.15 < 0.84$，说明桥孔的视高度角不足，需更近距离或月亮高度角更小时观察。

若观测者缩小与拱桥的距离至 3 m，此时视宽度角更大，视高度角 $\angle A=45°$，大于月亮高度角，月亮光线能够完整穿过桥孔并被观察到。

③ 拍摄时间选择：月亮高度角较低时（如刚升起或快落下），桥孔投影更易捕捉。

④ 拍摄水面要求：无风的水面，避免波纹破坏倒影对称性。

（7）拍摄桥孔映月的美景，与同学、老师分享。

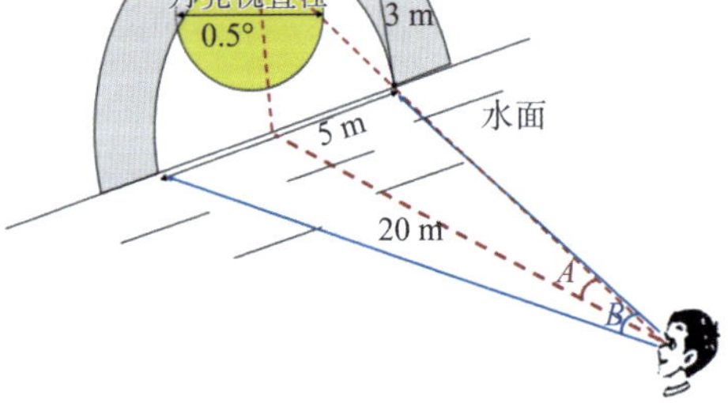

图 23-2　距桥 20 m 桥孔望月原理示意图

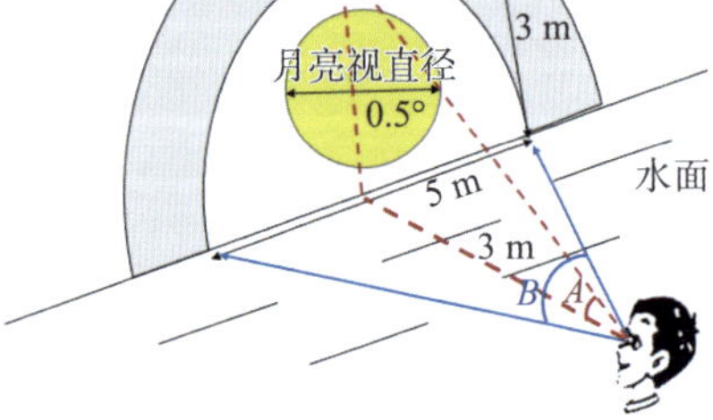

图 23-3　距桥 3 m 桥孔望月原理示意图

（8）完成实验记录。

实验记录

五、实验评价

1. 评价维度

（1）实验表现：目的明确、态度端正，遵守实验室规章制度。

（2）实验任务：掌握相关技能，正确使用仪器，独立、认真、有效地完成各实验环节。

（3）创新意识：能细致思考、仔细观察、多点发现，有创新。

2. 评分标准

为了准确客观地评定学生的实验成绩，设置五个等级标准：优秀、良好、中等、及格、不及格。90 ～ 100 分为优秀，80 ～ 89 分为良好，70 ～ 79 分为中等，60 ～ 69 分为及格，60 分以下为不及格。

开展时间	分值	要求	自评	师评
实验前	10	预习《地球概论》教材中的相关内容，熟悉地球的宇宙环境		
实验中	70	1. 能够合理规划时间、制定实验方案（20 分）； 2. 拍摄桥孔映月的图片，解释其背后原理（20 分）； 3. 实验过程中能够勤于思考、积极动手，完成各阶段的实验任务（30 分）		
实验后	20	1. 根据实验总结相关知识，撰写实验心得与实验报告（10 分）； 2. 能够形成科学观点和科学态度，树立正确的宇宙观、价值观（10 分）		

第六章学习资源

［1］福建师范大学慕课“地球概论”：https://www.icourse163.org/spoc/course/FJNU-1205805832?tid=1206099307

［2］福建师范大学公开课“日月地与人类”：http://open.163.com/special/cuvocw/riyuerenlei.html

［3］姜严．Stellarium 软件在高中地理教学中的应用研究——以“月相与日月食”为例［J］．地理教学，2019（11）：62-64.

［4］汪洋．构建具身学习环境　优化地理课堂学习活动［J］．地理教学，2019（11）：17-21.

［5］张海，王海燕．地理实验设计——观测实验［J］．地理教学，2018（12）：33-38，7.

［6］颜文景．“月相变化规律演示仪”的设计、制作和应用［J］．地理教学，2014（3）：59-61.

［7］赵君亮．日月交食的基本规律［J］．自然杂志，2008（3）：151-155.

［8］赵君亮．发生日月食的复杂条件［J］．科学，2008，60（5）：44-48，4.

［9］ESPENAK F. Fifty Year Canon of Lunar Eclipses: 1986-2035［R］. NASA Reference Publication Series, 1989.

［10］LIU C, MA L. The Solar and Lunar Eclipse Records in the Sui, Tang and the Five Dynasties［J］. *Journal of Time and Frequency*, 2013, 36（2）: 120-128.

［11］王建．现代自然地理实习教程［M］．北京：高等教育出版社，2006.

［12］余明．地球概论［M］．北京：科学出版社，2010.

附 录

附录 1　天文软件介绍

附录 2　核心概念

附录 3　天文（台）馆介绍

附录 1

天文软件介绍

1. Stellarium（虚拟天文馆）

虚拟天文馆软件 Stellarium 是一款免费的虚拟星象仪的计算机软件。它使用 OpenGL 对星空进行实时渲染，在电脑桌面上生成一块虚拟 3D 天空，所模拟的星空效果与用肉眼、普通望远镜或者天文望远镜进行实际观察所看到的星空基本没有区别，形象逼真。它可以根据观测者所在的地方时和位置，计算天空中太阳、月球、行星和其他恒星的位置，并将其显示出来。它还可以绘制星座、虚拟天文现象（如日食、月食和流星雨等）。总之，Stellarium 是一款功能极其强大的软件，深受广大天文爱好者的喜爱，对地理教师的教学也很有用。[①] 以下是 Stellarium 的使用方法：

（1）软件安装。

前往 Stellarium 官方网站（https://stellarium.org）下载适用于 Windows、MacOS 或 Linux 的版本，下载完成后按照安装提示进行安装，也可直接使用网页版。安装完成后，点击图标启动 Stellarium。

（2）界面介绍。

打开 Stellarium 后，会看到如下界面：

① 贺志康．巧用虚拟天文馆软件 Stellarium 演示太阳周日视运动轨迹［J］．地理教学，2013（20）：58-59.

虚拟星空：屏幕正中间展示的是用户所在位置的实时星空视图，默认会以当地时间显示。

工具栏：屏幕左侧和底部有工具栏，左侧工具栏包含基本设置，如视角、时间调整、定位、显示选项等，底部工具栏则提供详细的显示和操作选项，如显示网格、天文坐标、星座线条、星座名称等。

定位：可以通过输入特定地理位置的坐标，实时查看该地理位置上的星空。

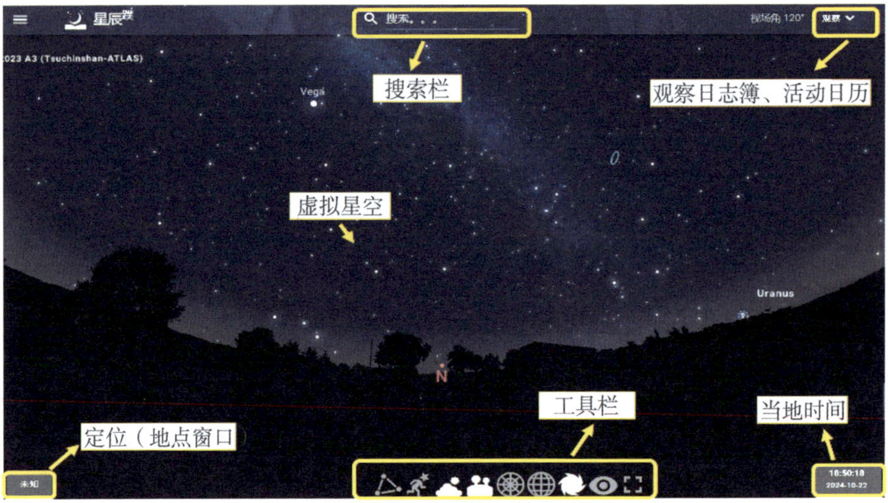

附录图 1-1　Stellarium 主界面

（3）基本操作指南。

① 调整观察位置。

点击左下角工具栏的“定位”图标，可以选择地球上的任何位置。

点击后打开的窗口中，可以选择预设城市或通过输入经纬度自定义位置。例如，选择北京后，界面将展示北京的星空视图。

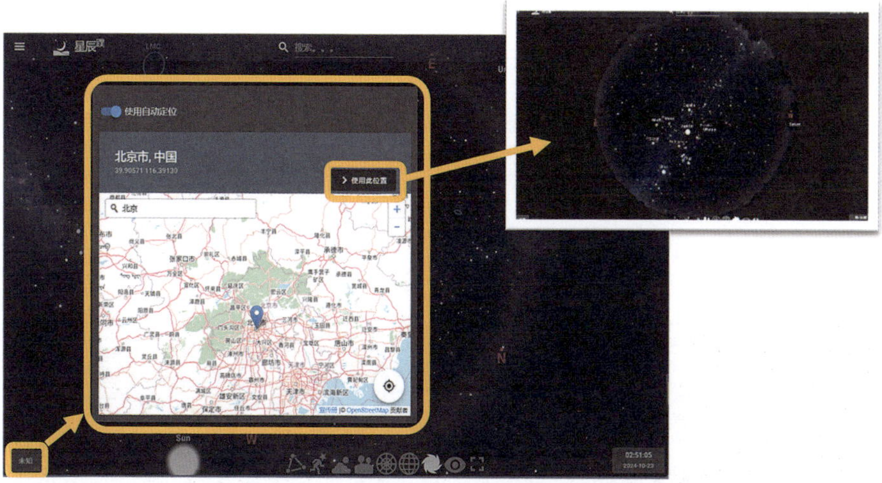

附录图 1-2 选取北京星空视图

② 调整时间。

时间可以通过右下角的“日期和时间”图标进行调整，可以选择当前时间、过去的某个时间或未来的时间，来观察对应时间的星空。例如，可以将时间调整为 2024 年 4 月 8 日，以查看日全食发生时的星空场景。

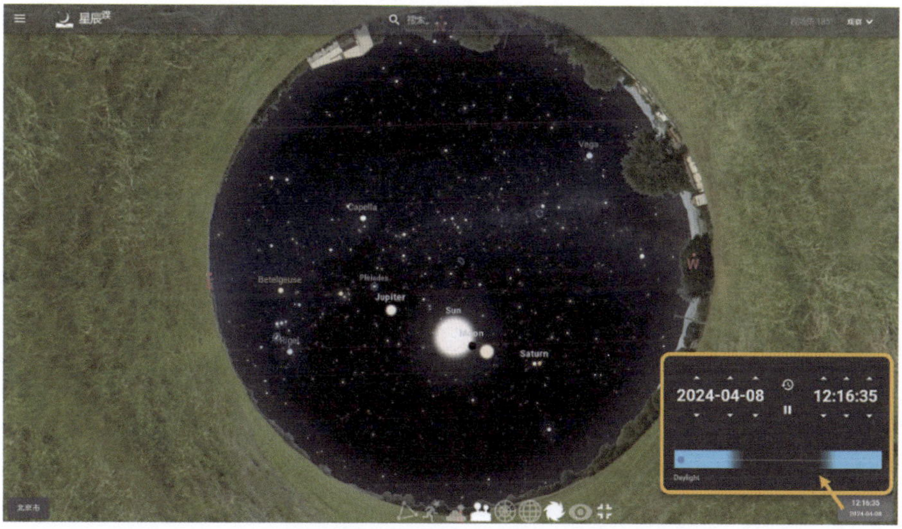

附录图 1-3 调整观测时间以观察日全食

③ 搜索天体。

点击“搜索”图标（或直接按 F3），输入要查找的天体名称，如“月亮”“火星”“天狼星”，系统会自动将视角调整到该天体，并显示其相关信息，如星等、距离等。也可以用它来搜索“六万年一遇”的彗星——“紫金山—阿特拉斯彗星”（编号：C/2023 A3）的相关信息。

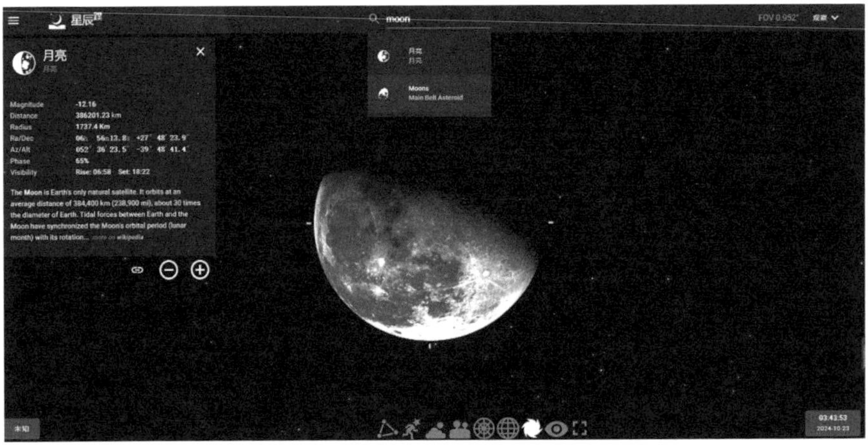

附录图 1-4　定位搜索月亮相关信息

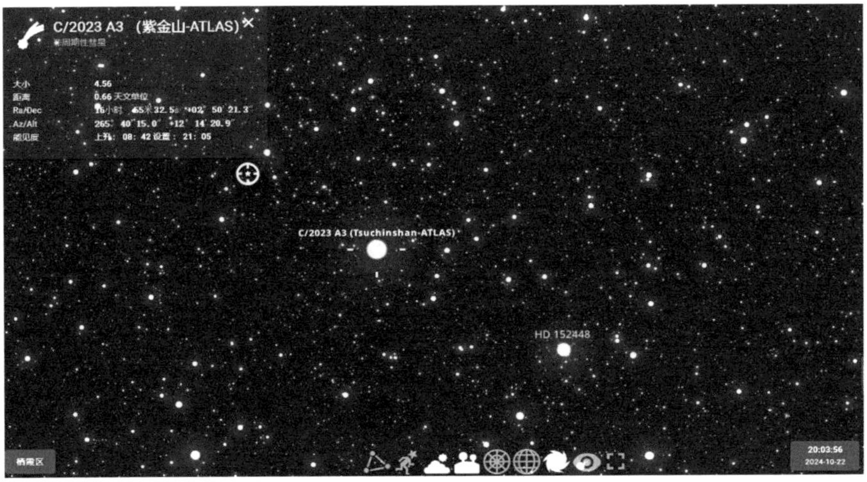

附录图 1-5　定位搜索 C/2023 A3 相关信息

④ 显示星座与星图。

底部工具栏可以快速启用或禁用各种显示选项。

显示星座线条：按下对应按钮，星空中会出现线条，这些线条连接出各个星座的形状。

显示星座艺术图：可以在星座线条上叠加艺术图案，方便理解星座的形象。

星座名称与边界：通过显示名称与边界，可以直观了解各个星座的区域划分。

附录图 1-6　星座线条与艺术图展示

⑤ 放大与缩小。

使用鼠标滚轮或通过键盘上的“Page Up”“Page Down”键，可以缩放星空视图。放大可以看到天体的更多细节，缩小则可以视角更广地观察星空布局。

⑥ 模拟天文现象行星运动。

通过改变时间，可以模拟行星的运行轨迹。将时间加速，可以观察行星（如水星、金星等）在天空中移动的路径。通过设置特定时间和地点，可以让 Stellarium 模拟日食和月食，比如 2024 年的日全食，它可以清晰地模拟太阳被月亮遮挡的过程。

（4）进阶操作。

① 安装插件。

Stellarium 还支持安装各种插件，比如人造卫星轨道显示、深空天体目录等。在工具栏点击“配置”窗口，选择“插件”标签，可以启用或安装各种功能。例如，启用“卫星插件”后，可以看到国际空间站（ISS）等卫星的轨道并观测其位置。

② 使用自定义视角。

在“配置”窗口中，可以保存特定的观察视角，便于以后快速切换到自己设置好的星空场景。还可以创建多个自定义地平线或天穹背景，甚至可以通过导入数据来显示具体的建筑物或山脉等地景。

③ 捕捉图像与视频。

Stellarium 允许捕捉当前的星空画面（按 F11 可以全屏）。在“配置”窗口中的“工具”标签下，可以选择保存当前视图为图像或视频。这对于制作天文科普资料或记录对某个天文现象的模拟非常有用。

（5）常见问题与解决技巧。

① 观测位置不准确怎么办？

确保地点设置正确，尤其是经纬度数据的输入。

② 如何在夜间模式下操作？

Stellarium 提供夜间模式，可以通过按 F4 键切换，减少屏幕亮度，保护眼睛。

③ 星空加载慢怎么办？

适当关闭不必要的显示选项，如关闭星座艺术图、减少深空天体的显示数量，可以加快渲染速度。

2. Star Walk 2

Star Walk 2 软件是一款简单易用、功能强大的跨平台、互动式高品质天文探索类软件，全球共有 1 000 多万用户，其内置与多所大学联合建立的丰富的数据库资源，利用 GPS 定位技术与内置陀螺仪支持实时定位功能，可以动态观测地球上所有可见星球。该软件在帮助人们了解星球的形成过程、辨认星座、探索深空以及观察星球运动轨迹等方面具有强大的辅助功能，能够迅速提高学生探寻宇宙深处奥秘的学习主动性与积极性。[①] 以下是 Star Walk 2 的详细使用方法：

（1）界面介绍。

启动应用后，会看到一个精美的星空界面，手机的摄像头会与用户的当前地理位置及方向结合，提供增强现实（AR）模式下的星空视图。主要界面元素包括：

实时星空：屏幕上方是实时星空的展示，用户可以通过手机的陀螺仪和定位系统查看不同方向的星空。

菜单按钮：右下角有“菜单”按钮，点击可以进入设置、天文事件、新闻等功能页面。

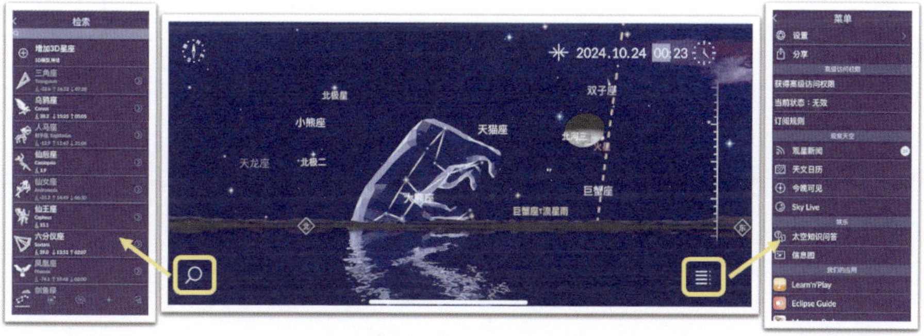

附录图 1-7　Star Walk 2 主界面

① 史鹏飞．星空漫步软件辅助下的高中地理教学应用［J］．产业与科技论坛，2020，19（1）：192-193.

搜索与信息按钮：左下角有“检索”按钮，方便用户快速查找天体或获取天文现象的详细信息。

（2）基本操作指南。

① 调整观察位置。

应用会根据手机的定位自动调整星空视图，无须手动设置地理位置。如果想查看其他地点的星空，可以手动更改位置：点击左上角的菜单，选择“位置”，然后输入想要查看的城市或经纬度。

② 调整时间。

默认情况下，应用会显示当前时刻的星空。通过屏幕右侧的时间滑块，可以前后调整时间，观察未来或过去某一时刻的星空变化。例如，可以将时间调整到下一个流星雨的高峰期，提前预览天象。

③ 搜索天体。

点击“检索”按钮，打开“检索”窗口，输入想查找的天体名称，如“金星”“猎户座”，应用会自动将视图调整到该天体的方向，并显示相关信息。

④ 增强现实模式。

向上举起手机对准天空，应用会自动识别所在方向的天体，并通过增强现实的方式将星座、行星等信息叠加在现实画面上。通过这种方式，用户可以直接用手机指向天空中的星星，快速找到并了解它的详细信息。

⑤ 显示星座与行星。

显示星座：在屏幕上划动，移动视角，应用会自动标识星座并显示星座的图形和名称。

显示行星：通过搜索功能或手动查看，应用会在视图中高亮显示行星位置，同时提供该行星的运动轨迹、距离等数据。

提示天文事件：Star Walk 2 内置的天文日历功能会标记重要天象，如月食、日食、流星雨等，并提供观测指南。

附录图 1-8　AR 模式展示

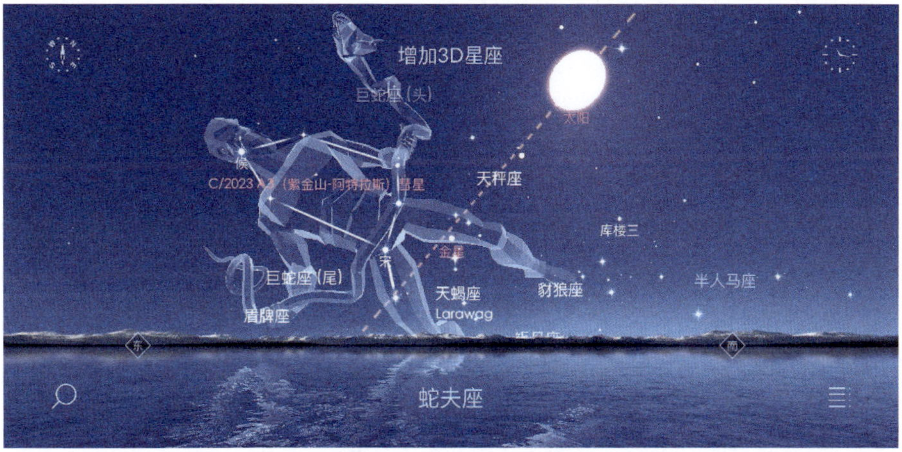

附录图 1-9　星座识别与展示

（3）进阶操作。

① 天文日历。

打开右下角的菜单，选择“天文日历”，可以查看即将到来的重要天文事件。日历内容包括流星雨、行星合月、日食、月食等现象，点击每个事件可以查看详细介绍和最佳观测时间。日历中的事件按时间排序，便于用户提前规划天文观测活动。

② 卫星观测。

Star Walk 2 还提供实时卫星追踪功能。通过搜索“国际空间站（ISS）”或其他人造卫星，可以找到它们的当前位置以及过境时间。应用会提供每颗卫星的详细轨道信息，并提示它们何时会出现在观测位置。

③ 自定义通知。

如果在“设置”中开启特定天文事件的通知，如流星雨、月相变化、行星过境等，当事件临近时，应用会发送通知，提醒用户进行观测。

④ 夜间模式。

为了保护眼睛在夜间观测时不受强光刺激，Star Walk 2 提供了暗红色的“夜间模式”。点击菜单，选择“夜间模式”，整个应用界面会切换为暗红色调，非常适合夜间使用。

（4）常见问题与解决技巧。

① 定位不准确怎么办？

请确保手机的 GPS 定位功能开启，并允许 Star Walk 2 访问位置数据。也可以手动设置位置，确保观测结果的准确性。

② AR 模式无法正常显示怎么办？

确认手机摄像头和陀螺仪正常工作，并将应用权限设置为允许访问摄像头。如果环境光过强或过弱，也可能影响 AR 模式的效果。

③ 怎样查看流星雨？

打开“天文日历”，找到即将到来的流星雨事件，应用会提示最佳观测时间。还可以调整时间滑块，提前预览流星雨的发生情况。

④ 如何保存星空图？

Star Walk 2 支持将当前屏幕截图保存到手机相册，点击屏幕上的“相机”按钮，可以将当前的星空图导出。

附录 2

核心概念

天球周日运动　在地球上的观测者来看，整个天球像是在围绕着我们旋转。这种视运动是地球自转的反映。地球绕地轴由西向东自转，这种运动是人类感官无法直接感觉到的。人们所感觉到的，是地外的天空，包括全部日月星辰，概无例外地以相反的方向（向西）和相同的周期（1 日）运动。这种视运动叫作天球周日运动，简称周日运动。

潮汐　海水在一天内有两次涨落。我国古时把发生在午前的一次海水上涨称为潮，午后的一次叫作汐。按字面分析，取其“朝”“潮”“夕”“汐”之意，合称潮汐（tide）。

绝对星等　天体的亮度和光度都用星等表示，表示天体光度等级的叫作绝对星等。标准距离（10 秒差距）下的恒星的亮度称绝对亮度，其星等称为绝对星等。

恒星周年视差　当日地连线同星地连线相垂直时，同一恒星的视差位移达到极大值。这个极大值便被称为该恒星的周年视差。

标准时制度　标准时制度包括两方面的内容：划分标准时区和设立日界线。标准时区的划分，是为了确定标准钟点，以避免钟点的混乱；设立日界线，是为了确定标准日期，避免引起日期的混乱。

食相　全食的四个食相是初亏、食既、生光、复圆。

引潮力 地球各部分受到的太阳引力存在差别，其中地心所受的太阳引力，不论方向还是大小，无疑都是全球的平均值。同这个平均引力相比较，各地实际所受的太阳引力总存在一个差值。这个差值就是使地球发生潮汐变形的直接原因，因而被称为引潮力（tidal force），也称起潮力或长潮力。

太阳活动 太阳外层大气受太阳磁场的支配，处于局部的激烈运动中，称为太阳活动。

光行差常数 由于地球公转，在地球上的观测者看来，来自恒星的光线，既以300 000 km/s的速率投向地球，同时又以30 km/s的速率做平行于轨道面的运动，这样地球上看到的星光方向实际上是这两种运动的合成方向，视方向和真方向之间的夹角是一个常数，称为光行差常数（20.495 52″）。

黄道 地球公转的轨道平面无限扩大，同天球相割而成的天球大圆称为黄道。它是太阳周年运动的视行路线，两极是黄北极和黄南极。

白道 月球轨道在天球上的投影。

太阳黑子 太阳黑子是指太阳光球表面出现的暗区域，这些区域是磁场聚集的地方。黑子是太阳表面最突出的现象之一，一个中等大小的黑子大约和地球一样大。黑子由较暗的“本影”和周围较亮的“半影”组成，本影是磁场最强的区域。太阳黑子的形成与太阳的磁场有关。当强磁场浮现到太阳表面时，该区域的背景温度会从近6 000 ℃降至4 000 ℃以下，形成暗点。黑子通常成群出现，其活动周期约为11.2年。

银河 指横跨星空的一条乳白色亮带。银河在天鹰座与天赤道相交的位置，在北半天球。银河在天球勾画出一条宽窄不一的带，称为银道带，它的最宽处达30°，最窄处只有4°～5°，平均约20°，这只是银河系中的一部分。银河只在晴天夜晚可见，是由无数暗星（恒星）的光引起的。银河不是银河系，而是银河系的一部分。银河系（古称银河、天河、星河、天汉、银汉等）是一个包含太阳系的棒旋星系，直径介于10万至18万光年，拥有1 000亿至4 000亿颗恒星，并可能有1 000亿颗行星。太阳系距离银河中心约2.6万光年，有着浓密气体和尘埃，位于被称为猎户臂的螺旋臂的内侧边缘，在此位置，太阳绕银河的公转周期大约是2亿4 000万年。从地球看，因为是从盘状结构的内部向外观看，因此银河系呈现在天球上是环绕一圈的带状。

地转偏向力 亦称地球自转偏向力或科里奥利力（Coriolis Force）。由于地球自转，地表物体在运动时，会受到一个与其运动方向相垂直的力，即地转偏向力。地转偏向力是一种惯性力，它不会改变物体运动的速率（速度的大小），但会改变物体运动的方向。地转偏向力在极地最强，向赤道方向逐渐减弱，直到在赤道处消失。地转偏向力的大小可通过公式 $f=2mv\omega\sin\varphi$（f为地转偏向力的大小，m为物体的质量，v为物体的水平运动速度分量，ω为地球自转的角速度，φ为物体所处的纬度）来计算。

月相 是天文学中对于地球上看到的月球被太阳照明部分的称呼。随着月亮每天在星空中自西向东移动一大段距离，它的形状也在不断地变化着，这就是月亮位相变化，叫作月相。

子午线 子午线即经线，是连接地球两极、指示南北方向的线，它和纬线构成经纬网，地球上任意地点都可由一条经线与纬线的交叉点来表示，且所有经线长度相等。

本初子午线 科学家将作为计算经度起点的“0度经线”称作本初子午线。1884年10月1日在华盛顿召开国际会议，10月23日大会决议建议采用经过英国伦敦格林尼治天文台子午仪中心的线作为本初子午线。从0°经线起，向东0°～180°为东经度，向西0°～180°为西经度。1957年后格林尼治天文台迁移台址，国际时间局利用若干天文台在赤道上定义平均天文台经度原点，1968 年起把通过国际习用原点和平均天文台经度原点的线作为本初子午线。

日食　日食是一种天文现象，是日月会合运动产生的，当月球运行到地球的向太阳一侧，其影子有时会掠过地面。这时，在月影扫过的地区，人们看到太阳被月轮遮蔽，叫作日食。

日食分三类——日全食（total solar eclipse）、日偏食（partial solar eclipse）和日环食（annular solar eclipse），全食和环食又叫中心食。它们的不同，取决于月球影子的哪部分笼罩地面。由于月球的直径远小于地球，因此，月球本影在任何时候，都只能笼罩地面很小一部分。在这一小块地区看，太阳光盘全部被遮掩，这叫日全食。如果当时月球本影不够长，以致同地面接触的不是月本影而是它的伪本影，那么在伪本影里所见的太阳，中部被月轮遮蔽，边缘依然光芒四射，这就是日环食。不言而喻，当月球的本影或伪本影落到地面时，其半影必同时到达。于是，在全食或环食出现地区的四周有一个环形的半影区，在那里看，太阳部分地被月轮遮蔽，光盘残缺，那便是日偏食。这样，在同一时间，中心食和偏食发生在地球上的不同地区；而在同一地区，中心食发生前后，必伴有偏食阶段。

由于月球绕地球转和地球本身的自转，日食区在地面上移动而形成日食带。日食带的中部是全食（或环食）带，其南北两侧为偏食带。在移动过程中，月球本影的尖端相对于地面的距离在变化。由于这种变化，有时会出现这样的情形：日食的开始阶段和终了阶段是日环食，而中间阶段发生日全食。这样的一次日食叫全环食。有时候，由于月球影锥的偏离，地面上的日食带全部是偏食带，这样的一次日食始终是日偏食。

月食　当月球绕行到地球的背太阳一侧，碰巧也会隐入地球本影。这时，在地球上看，满月在天空中失去光辉，这便是月食。

月食分月全食（total lunar eclipse）和月偏食（partial lunar eclipse）两

类，没有月环食（原因是在月球轨道距离处，地球本影截面远比月轮大得多）。月全食和月偏食的不同，取决于月球是否全部或部分隐入地球本影，而不决定于地球上观测地点的不同。当月球全部隐入地球本影时，月轮整个变暗，这是月全食。因为太阳光的红光部分很少被地球大气吸收，太阳光通过地球大气层时，大气层把红光折射到月面上，使完全淹没于地球黑影中的月球变成一个铜红色的圆盘，这就是在地球上看到的月全食。若月球只是部分地进入地球本影，月轮残续，这便是月偏食。自然，在发生月全食前后，必同时伴有月偏食阶段。有时，由于月球偏离地球本影锥轴心较远，整个月食过程始终是月偏食。无论是发生月全食还是月偏食，全球（夜半球）各地同时看到同类的月食。

与日食的情形不同，月食同地球的半影和伪本影无关。月球进入地球半影时，并不发生“食”，因为半影内能得到部分太阳光辉，它仍照亮整个月面，只是亮度变得稍暗，月轮却保持不缺。这种现象叫作半影食（penumbral lunar eclipse），天文台通常不作预告。

附录 3

天文（台）馆介绍

1. 中国科学院国家天文台

国家天文台是中国科学院的下属单位，主要从事天文学前沿研究（如星系演化、射电天文、空间观测等），承担国家级科研项目，并兼具天文科教、科普职责。其核心机构分布于中国华北地区，总部位于北京市中关村科技园区，主要观测站点依托独特的自然条件布局于河北兴隆燕山腹地、北京密云水库北岸、怀柔丘陵地带等。这些选址均远离城市光污染，海拔较高（如兴隆站海拔 960 米），大气透明度优越，为天文观测提供了理想环境。其历史可追溯至 1958 年成立的北京天文台，其早期以沙河观测站为起点，逐步扩展为覆盖多波段观测的科研网络；2001 年整合至中国科学院国家天文台后，原北京天文台的站点与设备仍作为国家重大天文工程的“华北基地”持续发挥作用。

国家天文台的科研贡献与特色包括：

（1）深空探测支持：为嫦娥工程提供轨道校准数据，参与“天问一号”火星探测器测控。

（2）公众科普：兴隆站定期举办星空夜观活动，密云站设有射电天文体验展，年均接待上万参观者。

（3）国际合作：主导中法合作的天基多波段空间变源监视器（SVOM）天文卫星项目，参与平方千米射电望远镜阵（SKA）的建设，推动中国天文数据标准国际化。

附录图 3-1　国家天文台兴隆站郭守敬望远镜（LAMOST）(陈颖为摄)

2. 上海天文馆

上海天文馆位于上海市浦东新区，是全球建筑面积最大的天文馆。其设计独具匠心，充分体现了“天体”及“轨道运动”的概念。主建筑呈现出独特的“三体”结构，由圆洞天窗、倒转穹顶和球幕影院构成。圆洞天窗犹如宇宙的眼睛，阳光透过它洒下，仿佛是宇宙能量的注入。倒转穹顶则打破了传统的建筑形式，给人一种独特的视觉冲击，让人们对宇宙的颠倒与反转产生无尽的遐想。球幕影院则是这座建筑的核心之一，为观众带来沉浸式的天文体验。此外，还有望舒天文台和羲和太阳塔等建筑，它们与主建筑相互呼应，共同构成了这座天文馆的独特景观。

上海天文馆配有 65 厘米自适应光学太阳望远镜、一米双焦点望远镜、23 米直径多功能超高清球幕影院、高级光学天象仪等四大专业级天文观测及天象演示设备。65 厘米自适应光学太阳望远镜能够对太阳进行高精度的观测，捕捉太阳表面的细节，如太阳黑子、耀斑等活动，让人们对这颗离我们最近的恒星有更深入的了解。一米双焦点望远镜则可以观测更遥远的天体，为天文研究和观测提供了有力的支持。23 米直径多功能超高清球幕影院堪称世界一流，它利用先进的投影技术，在巨大的球幕上呈现出逼真的宇宙画面，观众仿佛置身于宇宙之中，感受到宇宙的浩瀚与神秘。高级光学天象仪则能够模拟出各种天文现象，无论是日食、月食，还是流星雨等，都能在这里生动地展示出来。

上海天文馆展品丰富，共有 300 余件展品，其中包括约 70 件陨石样本，以及牛顿的《自然哲学的数学原理》英文第一版（1729 年）等超过 120 套文物藏品。这些珍贵的文物见证了天文学发展的历史，从古代天文学家对天体的初步观测和思考，到现代天文学理论的逐步建立，是人类智慧的结晶。

上海天文馆以“连接人和宇宙”为展示主题，精心打造了六大常设展区。家园展区是观众探索宇宙的起点，这里设有地球、月球和太阳主题展品。通过这些展品，观众可以了解到地球在宇宙中的位置和独特性、月球与地球的紧密关系，以及太阳对地球和整个太阳系的重要影响。其中的稀有陨石展示更是让人们能够近距离接触到来自宇宙的神秘物质。宇宙展区则像是一幅全景式的宇宙画卷，它深入呈现了宇宙现象及天体演化及运行规律。从宇宙大爆炸的起源，到星系的形成和演化，再到恒星的诞生、成长和死亡，观众在这里可以领略到宇宙波澜壮阔的发展历程。征程展区则展示了影响世界科学发展的著名科学家的原版著作、多座望远镜的高仿复制品等。这些展品讲述了人类探索宇宙的艰辛历程，从古代天文学家的仰望星空，到现代航天技术的飞速发展，人类一步步向着宇宙深处进发。中华问天展区则着重展示了中国天文学的发展历程和成就，从古代的天文观测记录，到现代中国在航天领域的伟大突破，体现了中国在天文学领域的独特贡献。好奇星球展区针对儿童和青少年设计，通过有趣的互动体验和简单易懂的展示方式，激发孩子们对天文学的兴趣和好奇心。航向火星展区则聚焦于人类对火星的探索，展示了火星探测的历史、现状和未来计划，让观众对这颗红色星球充满了向往和期待。

附录图 3-2　上海天文馆（周慧敏摄）

3. 中国科学院紫金山天文台

中国科学院紫金山天文台旧址位于南京市玄武区紫金山第三峰。这里是曾经的主要观测地点，保留了许多具有历史意义的建筑和古老的天文观测仪器，是中国近代天文学的重要历史遗迹。游客可以在这里看到明代的浑仪、简仪等古代天文仪器，感受中国古代天文学的辉煌。

前身国立中央研究院天文研究所是中国自己建立的第一个现代天文学研究机构，始建于 1928 年，当时是东亚最大的天文台，在中国天文学的发展历程中具有开创性的意义，为中国现代天文学的发展奠定了坚实基础。1934 年正式建立紫金山天文台，被誉为“中国现代天文学的摇篮”。其隶属于中国科学院，现在既是重要的科研机构，也是兼具科普教育功能的博物馆。

馆内展示了明、清两代天文学家实测所用的古代仪器，其中明代正统年间铸造的浑仪、简仪和圭表最为珍贵。这些古代天文仪器工艺精湛，代表了中国古代天文学的高超技术水平，是中国古代天文学辉煌成就的重要见证。浑仪是中国古代用于测量天体位置的一种仪器，能够帮助古人观测天体的位置、运动轨迹等；简仪则是在浑仪的基础上简化改进而成，使用更加方便，测量精度也有所提高；圭表是用来测量日影长度，从而确定节气、划分季节的仪器。

除了古代天文仪器外，馆内还有现代化的天文观测设备和科研设施。部分科研设施对公众开放展示，让人们能够了解现代天文学的研究方法和技术。例如，一些先进的望远镜等设备的模型或实物展示，使参观者可以直观地了解现代天文学的观测手段。

紫金山天文台收藏有丰富的陨石，包括国内外的各种陨石样本。其中，“如皋”陨石是该馆的镇馆之宝之一。这是新中国成立以后最早进行研究的陨石。

紫金山天文台还经常举办各类天文科普活动、讲座和展览，吸引了大量天文爱好者和游客前来参观学习，为公众普及天文知识、传播科学精神发挥了非常重要的作用。

附录图 3-3 紫金山天文台旧址（杨子许摄）

4. 中国科学院云南天文台

中国科学院云南天文台位于云南省昆明市，由一个园区（凤凰山园区）、两个观测站（丽江高美古天文观测站、澄江抚仙湖太阳观测站）组成，占地 700 余亩，是中国南方最大的天文实测基地，是国家天文台直属单位。

1937 年卢沟桥事变后，原中央研究院天文研究所先是迁至湖南衡山南岳寺，后到广西桂林。1938 年 2 月最终辗转迁到昆明，并把办事处设在昆明晓东街 20 号。随后，天文研究所所长余青松等人选定昆明东郊凤凰山作为新址，1938 年 8 月新的国立中央研究院天文研究所在此开工建设，1939 年 2 月建成完工，余青松将其改名为“凤凰山天文台”。抗战胜利后，中央研究院天文研究所迁回南京，在凤凰山留下一个工作站。

1950 年，一架 130 毫米赤道式折射望远镜被调拨到凤凰山，还新建了观测室。后来南京的天文所更名为“紫金山天文台”，昆明的凤凰山观测室也相应更名为“中国科学院紫金山天文台昆明工作站”，简称“昆明天文站”，由紫金山天文台与云南大学双方共管。

1972年，“昆明天文站”独立建制，正式更名为“中国科学院云南天文台”，并于1975年扩建为综合性的天文台。

云南天文台拥有2.4米光学望远镜（中国及东亚地区口径最大的通用型天文光学望远镜）、1米红外太阳望远镜、40米射电望远镜、1米RCC反射式望远镜等设备。

云南天文台设有科普楼、天象厅、太阳历广场和大型赤道式日晷、中国古天文展厅和云南少数民族历法展厅等天文科普活动场所和设施，是重要的科普教育基地。

附录图3-4　中国科学院云南天文台（胡颖萱摄）

5. FAST——中国天眼

FAST 位于贵州省黔南州平塘县克度镇大窝凼，口径达 500 米，接收面积相当于约 30 个足球场，是世界上最大的单口径射电望远镜。

20 世纪 90 年代，为弥补中国天文科学自近代以来与西方国家的差距，中国提出独立建造大口径射电望远镜的设想。1994 年，南仁东向中国科学院提出积极争取国际大射电望远镜落地中国的建议，并形成了相关建议书，在此基础上展开了选址工作。从 1994 年到 2006 年，选址工作经过了多轮的考察和分析，最终确定贵州平塘大窝凼洼地具有良好的地质条件、地形条件和电磁环境，非常适合建设大型射电望远镜。

2011 年 3 月 25 日，FAST 破土动工。建设过程中面临诸多挑战，如研制能够支撑巨大反射面板的索网结构等。经过科研团队的不懈努力和攻关，2016 年 9 月 25 日，FAST 工程完工并进入试运行阶段。

FAST 的技术创新有以下几点：

（1）主动反射面技术：FAST 可以通过拉扯钢索网以改变自身形态，变成球面或者抛物面，从而能够更好地接收不同方向和角度的宇宙信号，提高观测的效率和质量。这种主动变形的反射面技术是 FAST 的一项关键创新，使望远镜能够适应不同的观测需求。

（2）轻型索驱动控制系统：在馈源舱设计上，采用了全新的轻型索驱动控制系统，可以自如改变角度和位置，更有效地收集、跟踪、监测更丰富的宇宙电磁波。这一系统的应用使得 FAST 的馈源舱能够精确地对准目标天体，提高了信号的接收和处理能力。

FAST 为全球科学家提供了独一无二的观测条件，吸引了众多国际天文学家的关注，提升了中国在国际天文学领域的影响力和话语权。按照国际惯例，从 2021 年 3 月 31 日 FAST 向全球科学家开放观察申请，众多国际项目获得批准，促进了国际间的科学合作与交流。

附录图 3-5　FAST 球面射电望远镜（图源：中国科学院国家天文台）

主要参考文献

[1] 金祖孟. 地球概论（第三版）[M]. 北京：高等教育出版社，1997.

[2] 金祖孟. 地球概论（第四版）[M]. 北京：高等教育出版社，2023.

[3] 王建. 现代自然地理实习教程［M］. 北京：高等教育出版社，2006.

[4] 余明. 地球概论［M］. 北京：科学出版社，2010.

[5] 余明. 地球概论（第二版）[M]. 北京：科学出版社，2016.

[6] 余明. 地球概论（第三版）[M]. 北京：科学出版社，2022.

[7] 伍光和，蔡运龙. 综合自然地理学（第二版）[M]. 北京：高等教育出版社，2004.

[8] STRAHLER A N. *Physical geography* [M]. 4th ed. London：John Wiley & Sons, 1975.

[9] BRADSHAW M，WEAVER R. *Physical geography: an introduction to earth environments* [M]. St. Louis: Mosby, 1993.

[10] 弗兰克·普内斯，雷蒙德·西弗尔. 地球［M］. 卢焕章，徐仲伦，何芝兰，等译. 重庆：重庆出版社，1990.

[11] 杨士弘. 自然地理学实验与实习［M］. 北京：科学出版社，2002.

[12] 应振华，王多文，彭清玲. 地球概论实习指导［M］. 北京：高等教育出版社，1991.

[13] 应振华，缪维予，方明亮. 地球概论教学参考［M］. 西安：陕西师范大学出版社，1986.

[14] 陈新跃，戴德求. 地球与行星科学概论［M］. 徐州：中国矿业大学出版社，2013.

[15] 特伦斯·迪金森. 夜观星空：天文观测实践指南[M]. 谢懿，译. 北京：北京科学技术出版社，2012.

[16] 苏宜. 天文学新概论[M]. 武汉：华中理工大学出版社，2000.
[17] 胡中为，萧耐园. 天文学教程（上册）[M]. 2版. 北京：高等教育出版社，2003.
[18] 张闻玉. 古代天文历法讲座[M]. 桂林：广西师范大学出版社，2008.
[19] 宣焕灿，萧耐园. 图解天文学[M]. 南京：南京大学出版社，2010.
[20] 尼尔马拉·纳塔瑞杰. 地球与太空：美国宇航局（NASA）珍贵摄影集[M]. 北京：北京联合出版公司，2015.
[21] 吴守贤，全和钧. 中国古代天体测量学及天文仪器[M]. 北京：中国科学技术出版社，2013.
[22] 李勇. 观天授时：中国古代的天文学[M]. 昆明：云南大学出版社，2021.
[23] 陈久金. 中国古代天文学家[M]. 北京：中国科学技术出版社，2008.
[24] 徐振韬. 中国古代天文学词典[M]. 北京：中国科学技术出版社，2009.
[25] 陈遵妫. 中国天文学史（第三册）[M]. 上海：上海人民出版社，1984.
[26] 伏古勒尔. 天文学简史[M]. 李晓舫，译. 上海：上海科学技术出版社，1959.
[27] 王芊，刘焕. 星图软件辅助下的《天文学基础》校本课程开发研究[J]. 地理教学，2019（7）：62-64.
[28] 付彪，郭俏彤，王焕梅，等. 浅谈天文教育课程在高中学段的开发、实施与建议——以内蒙古师范大学附属中学为例[J]. 中学地理教学参考，2021（6）：8-12.
[29] 程绵绵，杨娜，李春燕，等. Stellarium在时间系统教学中的应用[J]. 教育教学论坛，2021（30）：132-135.
[30] 倪荣，何明，曹婉晨，等. LocaSpace Viewer在地理科学学科教学中的应用[J]. 高师理科学刊，2021，41（7）：102-106.
[31] 钟华，张文军. 天文观测类地理试题的特点、原理及教学策略——以浙江学选考为例[J]. 地理教学，2020（22）：61-64.
[32] 汪言在. 高师院校地球概论课程当前困境与改革探究[J]. 学周刊，2020，27（27）：5-6.

［33］肖锋军，常菊．Stellarium 在“地球概论”课程教学中的辅助应用［J］．教育教学论坛，2020（33）：285-286.

［34］王婕萍，潘文彬．《地球概论》星空观测示范性实验教学改革与实践［J］．农村科学实验，2020（26）：102-104.

［35］王芊，刘焕．星图软件辅助下的《天文学基础》校本课程开发研究［J］．地理教学，2019（7）：62-64.

［36］徐淑梅，张冬有，林琳，等．生态文明教育：“地球概论”课程思政研究［J］．黑龙江高教研究，2019，37（11）：147-151.

［37］吴得卿，杨洪，代稳，等．基于正迁移的天球坐标系的教学研究［J］．高教学刊，2019（26）：67-70.

［38］赵兴云．关于《地球概论》教学改革的研究与实践［J］．临沂师范学院学报，1999（6）：41-42.

［39］吕晨亮，汪和平．太阳直射点纬度移动速度的数学分析与仪器演示［J］．地理教学，2018（9）：48-49.

［40］张海，王海燕．地理实验设计—观测实验［J］．地理教学，2018（12）：33-38.

［41］张海，雷超．地理实验设计——地球运动演示实验［J］．地理教学，2018（8）：44-46，40.

［42］黄伟．日出日落的方位与地平杆影日变化分析［J］．地理教育，2017（A1）：109-110.

［43］蒋洪力．历法编制与置闰方案解析［J］．地理教学，2017（9）：59-61.

［44］肖强新．经纬度测量活动探究［J］．中学地理教学参考，2017（4）：71-72.

［45］孔令柱．基于校园实践活动的高中生地理实践力表现性评价——以“经纬度测量”为例［J］．中学地理教学参考，2021（6）：84-86，90.

［46］梁娇祝，李琳．基于地理实践力的“正午太阳高度角和当地经纬度测量”户外活动教学设计［J］．地理教学，2018（24）：59-62.

［47］田彦伟，张海艳，耿莎莎，等．基于太阳影子的物体定位模型［J］．安阳师范学院学报，2017（2）：21-23，27.

［48］孙汉群．关于地球概论课程改革的思考［J］．江苏第二师范学院学报，

2017，33（12）：42-45，124.

［49］汪和平．太阳视运动仪的原理、结构、功能及应用［J］．中国教育技术装备，2016（13）：44-47.

［50］夏倩倩．高校《地球概论》教学改革探析［J］．亚太教育，2016（23）：28-29.

［51］曾兰华，欧先交．高师地理专业地球概论抽象宇宙空间与天体运动的教学应对［J］．高师理科学刊，2016，36（6）：102-104.

［52］李坚诚．识天文，懂地理——地理科学专业《地球概论》课程特色［J］．考试周刊，2014（26）：144-145.

［53］福建省天文学会．福建省地球概论/基础天文学科发展研究报告［J］．海峡科学，2014（1）：16-21.

［54］张红侠．《地球概论》课程中“天球坐标”的教学探究［J］．陕西教育（高教版），2012（3）：103-105.

［55］李宏芸．运动学原理在地球概论教学中的运用及教法探讨［J］．首都师范大学学报（自然科学版），2010，31（5）：87-91.

［56］王月，李晖，翟禄新．虚拟现实技术在“地球概论”课程教学中的应用［J］．中国电力教育，2010（34）：78-79.

［57］刘洪利，郑怀文，邱峰．《地球概论》学生参与课堂演示实验的探讨［J］．首都师范大学学报（自然科学版），2010，31（4）：78-80.

［58］苏英．《地球概论》教学中的比较法［J］．咸阳师范学院学报，1997（3）：52-54.

［59］王婷．基于《地球概论》的高师与中学地理教学衔接策略研究［D］．贵阳：贵州师范大学，2018.